佛陀造像

YUNGANG SHIKU
YISHU FENLEI QUANJI

云冈
石窟艺术
分类全集

云冈研究院 编

江苏凤凰美术出版社

图书在版编目（CIP）数据

云冈石窟艺术分类全集. 佛陀造像 / 云冈研究院编.
南京：江苏凤凰美术出版社，2024. 12. -- ISBN 978-7-
5741-2648-0

Ⅰ. K879.222

中国国家版本馆CIP数据核字第20254KD241号

选 题 策 划　　毛晓剑
项 目 统 筹　　郭　渊
责 任 编 辑　　陆鸿雁
装 帧 设 计　　王　超
责 任 校 对　　龚　婷
责 任 监 印　　生　嫄
责任设计编辑　　刘秋文

书　　　名	云冈石窟艺术分类全集. 佛陀造像
编　　　者	云冈研究院
出 版 发 行	江苏凤凰美术出版社（南京市湖南路1号　邮编210009）
制　　　版	南京新华丰制版有限公司
印　　　刷	南京爱德印刷有限公司
开　　　本	718 mm×1000 mm　1/8
印　　　张	37
版　　　次	2024年12月第1版
印　　　次	2024年12月第1次印刷
标 准 书 号	ISBN 978-7-5741-2648-0
定　　　价	680.00元

营销部电话　　025-68155675　　营销部地址　　南京市湖南路1号
江苏凤凰美术出版社图书凡印装错误可向承印厂调换

凡　例

一、《云冈石窟艺术分类全集》系列共有 13 册，按照题材分类，以摄影图片为主、文字介绍为辅，全面地展示了云冈石窟艺术。内容分别为：佛窟佛龛佛塔、佛陀造像、弥勒造像、菩萨造像、佛弟子与供养人、佛经故事、天夜叉与飞天、供养天人与化生、多头多臂神与金刚力士、乐伎与乐器、龙鸟狮象鹿、佛光宝冠珠、莲花忍冬树。

二、本系列记录的各洞窟编号以 1987 年国家公布的云冈石窟洞窟编号为标准。主要洞窟用"第 1 窟""第 5 窟""第 24 窟"等方式表达；双窟用"第 1、2 双窟""第 5、6 双窟""第 9、10 双窟"等方式表达；一组窟用"第 11、12、13 一组三窟"等方式表达；附属洞窟以"第 1-1 窟""第 2-3 窟""第 11-13 窟"等方式表达。

三、窟内壁面内容以上、中、下三个方位进行表述。

四、每册设置文论，对分类内容进行重点阐述，并对涉及的彩色图版加以说明。表述方位以龛像为主体，即龛像之左为读者之右、龛像之右为读者之左。

五、本系列成稿于 2024 年，因此书中"目前""现在""距今"等表述，均应以此时间为准。

六、提及历史纪年时，辛亥革命前用旧纪年方式，括注公元纪年；辛亥革命后按公元纪年。

七、引用历史文献或碑刻等文字，因原文残缺或记载不详造成缺字时，用一个"□"表示一个字；所缺字数不辨时，则用省略号表示。

目 录

总序

东方佛教的第一圣地

张　焯

《增一阿含经》中，佛为波斯匿王解梦曰："梦澄水四边清、中央浊者，当来众生非法欲行，常怀贪嫉，与邪法相应，中国众生好喜斗乱，边国人民无有诤讼也。……当来末世，法应如此。"按：《增一阿含经》，公元384年译于前秦长安；"中国"者，释迦牟尼生活的中印度之谓；波斯匿王请佛解梦故事，大约诞生于公元后的贵霜王朝。该故事虽系假托，却真实反映了当时中印度婆罗门教（印度教前身）依然强势，而佛法转往周边地区的历史现状，预言了佛教发展的趋向。大致而言，从佛陀涅槃后500年开始，印度佛教在异国他壤茁壮成长，不断掀起一个又一个高潮，创造出一次又一次的辉煌。在遥远的东方，公元5世纪北魏首都平城（今山西大同）佛教的兴盛与云冈石窟的开凿，便是西来像法在华夏大地奏响的一曲惊世乐章。

一、佛教东传的波浪式轨迹

从释迦牟尼创立佛教到他涅槃后的100多年间，佛教主要传播于印度的恒河中游一带。公元前3世纪中叶，摩揭陀国孔雀王朝的君主阿育王在统一印度的战争中，因杀戮过多，心生忏悔而皈依佛门。他巡礼佛迹，颁布敕令，广建塔寺，开凿石窟（图1），并在华氏城（今印度比哈尔邦的巴特那）举行了第三次佛典结集，印度佛教盛极一时。当时阿育王派遣出国传教的僧侣，足迹北达辛头河（今印度河）上游，南至师子国（今斯里兰卡）海岛。

以帕米尔高原为中心的中亚山区，扼东西交通要冲，既是印度河、阿姆河、锡尔河、塔里木河等大河的发源地，又是古代印度、波斯、中华、希腊、罗马等世界各大文明的交汇之所。在今天印度河上游的克什米尔、巴基斯坦、阿富汗的山间谷地，曾经沐浴着古印度文明的曙光；公元前4世纪末，马其顿国王亚历山大东征后，希腊文化又在这里生根发芽。阿育王所遣沙门宣讲的佛经故事，在感化了北印度居民的同时，也激发了犍陀罗（今巴基斯坦白沙瓦地区）、罽宾（即迦湿弥罗，今克什米尔地区）等地信众对佛陀神话与形象的新思维。

公元1世纪中叶，来自中国西北、君临大夏（希腊·巴克特里亚帝国，

图1 阿旃陀石窟（吴健摄）

图2 桑奇第一大塔（张焯摄）

今阿姆河上游）200 年的大月氏民族进一步强盛，建立了贵霜帝国，并在第三代国王迦腻色迦时达到极盛，向南迁都犍陀罗，疆域扩大至印度河与恒河流域。迦腻色迦是继阿育王之后，极力推广佛教的又一位国王。在他的支持下，佛教僧侣于迦湿弥罗城举行了第四次佛典结集，迦湿弥罗城遂成为大乘佛教的发源地。大乘佛学是以纯粹佛说掺合犍陀罗、罽宾、乌苌国等地的传说与魔术，连同希腊、罗马神像解释组成的一种超越恒河沿岸原始佛教的神学。为了取信于人，他们在北印度创建出许多佛迹：中印度有四大塔（图2），北印度亦有四大塔；伽耶城有佛影，那竭城亦有佛影；那竭罗曷国界醯罗城有佛顶骨，弗楼沙国有佛钵（见《佛国记》《大唐西域记》）。同时，他们还编造出如来降伏恶龙、舍身饲虎、舍头施人、挑眼施鹰、割肉贸鸽、王射睒子等众多本生故事及其发生地（见《佛国记》《宋云行记》）。迦腻色迦王振兴佛法的愿望与行动，使犍陀罗变成了恒河流域之外的第二个佛教圣地。

大乘佛教在犍陀罗的流行，一改自阿育王以来，用宝座、脚印、圣树、佛塔、石柱、莲花、大象、雄狮、鹿等形象暗喻佛祖的传统，首次将佛陀绘画、雕塑为人形，从而宣布了佛教像法时期的来临（图3~图6）。这时，大量的佛陀、弥勒、本生故事都用当地一种青灰色片岩雕刻，也用灰泥、石膏制作雕塑和浮雕。佛陀神态矜持，拥有令人喜爱的阿波罗型面容，或立或坐，始终穿着轻柔的内衣和僧袍。菩萨身上佩戴着各种珠宝饰物，脚穿雅典式的缀宝凉鞋，与佛陀区别开来。这时期以希腊化为特征的犍陀罗佛教艺术走向鼎盛。贵霜王朝统治下的恒河流域，受犍陀罗的影响，马土拉艺术创造出大量精美的红、黄砂岩佛教雕像。佛陀如沙门，身体壮硕；菩萨戴宝冠，略带微笑。到了公元 4 世纪后的印度笈多王朝，上述两种艺术进一步融合，突出表现为湿衣贴体和双目低垂的笈多式佛像艺术。

新疆是佛教东传的第一站。印度僧侣越过葱岭，最初进入新疆，应在公元前。迦腻色迦时代，佛陀的教法在北印度放射出的万丈光芒，首先照亮了整个中亚山川，佛法东传势力转强。从东汉明帝时洛阳白马寺僧摄摩腾、竺法兰翻译的《四十二章经》小乘教义，到安世高小乘禅学、支谶与竺佛朔大乘禅观的输入，可见公元 1 世纪至 2 世纪中华佛教秉承西学的确凿史迹；从朱士行西天取经，到鸠摩罗什、法显传记所展现的西域诸国，可见公元 3 世纪至 4 世纪的新疆佛教发展如日中天。尽管现在我们对佛教征服新疆的足迹了解得并不清晰，但新疆佛法早于汉地应是无可置疑的。大约先是小乘佛教遍行南疆，然后才是大乘佛学的异军突起。与此同时，龟兹（今库车）、焉耆、鄯善（今若羌）、且末等国俱行小乘；于阗（今和田）、子合（今叶城）、

图3 犍陀罗佛像头部（［日本］栗田功《犍陀罗美术Ⅱ》英文版，二玄社，2003年）　图4 犍陀罗菩萨立像（［日本］栗田功《犍陀罗美术Ⅱ》英文版，二玄社，2003年）　图5 犍陀罗坐佛像（［日本］栗田功《犍陀罗美术Ⅱ》英文版，二玄社，2003年）

图6 给孤独长者奉献祇园图（［英国］约翰·马歇儿著、王冀青译《犍陀罗佛教艺术》，甘肃教育出版社，1989年）

沙勒（即疏勒，今喀什）等国多有大乘。这些地区兴建塔寺、营造石窟、顶戴佛钵（在沙勒）、讲经说法、行像散华，呈现出一派佛土庄严的景象。犍陀罗佛教艺术的源源而至，促进了新疆各城邦的文化繁荣。由于当地石材的缺乏，泥塑、壁画、木雕构筑起新疆佛教的艺术大厦。新疆因佛教的昌盛，成为引领汉地佛教走向辉煌的灯塔。

中华佛教始传于东汉，酝酿于魏晋，勃兴于十六国，鼎盛于南北朝，成熟于隋唐，复兴于宋辽金元，衰落于明清。其间，十六国、南北朝是关键。佛教西来的途径有二：西南海路与西北陆路，然以丝绸之路为主线。如果说公元前后大月氏、贵霜的僧人东游弘法，走的是一条回乡之路的话；那么公元 4 世纪以后佛教在中华大地上的开花结果，实得益于五胡十六国时期民族大迁徙的历史机缘。

东汉时期，佛教虽传中土，但朝廷以其为西戎之神，唯听西域人立寺都邑，汉人皆不得出家。魏晋以后，法禁渐弛。西晋末年，天下大乱，来自华夏西、北的匈奴、鲜卑、羯、氐、羌等少数民族纷纷建立政权，逐鹿中原。佛教作为胡教，不但被各胡族统治者立为国教，以"助王政之禁律，益仁智之善性"（《魏书·释老志》，下引该志不再注明），而且成为颠沛流离、苦难深重的华夷百姓维生系命的精神依托。首先提倡佛教的是后赵羯族皇帝石勒、石虎。他们敬奉西域高僧佛图澄为"大和尚"，佛图澄因此广建伽蓝，说法授徒，参咨国政。石虎公然宣称："朕生自边壤，君临诸夏；佛是戎神，正所应奉。其夷、赵百蛮，有舍其淫祀，乐事佛者，悉听为道。""于是中州胡、晋略皆奉佛。"（《高僧传·竺佛图澄》）中原佛教迎来了第一次短暂的高潮，佛陀救世思想深入人心。随后的前秦氐族皇帝苻坚、后秦羌族皇帝姚兴相继崇法，释道安、鸠摩罗什、佛驮跋陀罗等大师辈出，译经讲论、立戒修禅，一时间长安成为中原佛教的中心。大约与此同时，西秦乞伏氏政权与北凉沮渠氏政权，亦将陇右、河西佛法推向了高峰。佛教信仰成为中国社会不可逆转的时代潮流。

北魏王朝的建立者拓跋鲜卑，族源来自大兴安岭深处，东汉后期游牧塞北，魏晋之时部落始大。在五胡争霸之余，拓跋鲜卑担负起收拾中原残局的历史使命。398 年，道武帝拓跋珪定都平城，建立北魏；439 年，太武帝拓跋焘统一中国北方；448 年，征服西域（今新疆）；494 年，孝文帝拓跋宏迁都洛阳；534 年，北魏分裂为东魏、西魏，不久，分别被北齐、北周取代。拓跋鲜卑原本不知有佛，然从平城到洛阳，却因礼佛近乎痴狂，所以北齐魏收撰《魏书》，独创《释老志》以述其事云："魏有天下，至于禅让，佛经流通，大集中国，凡有四百一十五部，合一千九百一十九卷。正光已后，天下多虞，王役尤甚，于是所在编民，相与入道，假慕沙门，实避调役，猥滥之极，自中国之有佛法，未之有也。略而计之，僧尼大众二百万矣，其寺三万有余。流弊不归，一至于此，识者所以叹息也。"与此同时，江南的梁武帝萧衍也因佞佛身丧国亡，留给后人"南朝四百八十寺，多少楼台烟雨中"之类的伤感。中华佛教盛极而悲。

二、云冈石窟开凿的历史因缘

云冈石窟位于大同城西 16 公里的武州山南麓，武州川（今十里河）北岸。北魏旧称"武州山石窟寺"或"代京灵岩寺"。石窟倚山开凿，东西绵延约 1 公里。现存大小窟龛 254 个，主要洞窟 45 座，造像 59000 余尊（图 7）。石窟规模宏大，造像内容丰富，雕刻艺术精湛，形象生动感人，堪称中华佛教艺术的巅峰之作，代表了公元 5 世纪世界雕刻艺术的最高水平。

关于云冈石窟的开凿，《释老志》记述如下："和平初，师贤卒。昙曜代之，更名'沙门统'。初，昙曜以复佛法之明年，自中山被命赴京，值帝出，见于路，御马前衔曜衣，时以为马识善人。帝后奉以师礼。昙曜白帝，于京城西武州塞，凿山石壁，开窟五所，镌建佛像各一。高者七十尺，次六十尺，雕饰奇伟，冠于一世。"文中提及的武州塞，位于云冈石窟西崖之北，赵武灵王以来一直是蒙古高原进入汉地的交通要塞。武州山的主要构造为砂岩，是西来佛徒熟悉的雕刻石材。昙曜建议开凿的五座佛窟，即今云冈第 16 窟至第 20 窟，学者谓之"昙曜五窟"。周一良《云冈石佛小记》曰："惟昙曜在兴安二年（453）见帝后即开窟，抑为沙门统之后始建斯议？不可晓。要之，石窟之始开也，在兴安二年至和平元年（460）之八年间。"

图 7 云冈石窟全景（［日本］水野清一、长广敏雄《云冈石窟》第一卷，京都大学人文科学研究所云冈刊行会，1952 年）

　　昙曜五窟的开凿，掀起了武州山石窟寺建设的热潮。从文成帝开始，经献文帝、冯太后，到孝文帝迁都，皇家经营约40年，完成了所有大窟大像的开凿。同时，云冈附近的鹿野苑石窟、青磁窑石窟、鲁班窑石窟、吴官屯石窟、焦山寺石窟等也相继完成。其间，广泛吸收民间资金，王公大臣、各地官吏、善男信女纷纷以个人、家族、邑社等形式参与石窟建造，或建一窟，或造一壁，或捐一龛，或施一躯，遂成就了武州山石窟寺的蔚然大观。迁都之后，武州山石窟寺建设仍延续了30年，直到正光五年（524）六镇起义的战鼓响起而停止。

　　云冈石窟的诞生并非偶然，它是诸多历史必然性的归结。

　　第一，礼帝为佛的新思维，是引领北魏佛教兴盛的法宝。道武帝建都平城，"始作五级佛图、耆阇崛山及须弥山殿，加以绘饰。别构讲堂、禅堂及沙门座，莫不严具焉"。大约与此同时，任命赵郡（今河北赵县）高僧法果为道人统，编摄僧徒。"法果每言，太祖明睿好道，即是当今如来，沙门宜应尽礼，遂常致拜。谓人曰：'能鸿道者人主也，我非拜天子，乃是礼佛耳。'"在此之前，西域胡僧入华，奉敬其佛，无须礼拜皇帝。而东晋十六国以后，出家汉人成为主流，原本是天子的臣民，现在变为释迦的门徒；因此沙门拜不拜皇帝，即是否承认和接受国家管理，成为南北佛教必须回答的问题。对此，隐居庐山的慧远大师著有《沙门不敬王者论》，代表了南方释子的立场；法果的言行，则表明了北方僧人的态度。同为佛图澄的再传弟子，他俩选择的方式截然相反，南北佛教所走的路也明显不同。法果所言，虽涉阿谀，又似诡辩，汲取的却是佛图澄依国弘法、以术干政的成功经验，遵循的竟是释道安"不依国主，则法事难立"的名训。盖佛教离不开人主，人主也需要神化。法果将帝佛合一，提出皇帝就是当今如来（活佛）的新理论，巧妙地将释迦信徒转回到天子门下，迎合了最高统治者的心理需求，使宗教行为上升为国家意志，从而奠定了北朝佛教鼎盛的基础。后来的北魏僧统师贤为文成帝立像"令如帝身"，昙曜在武州山为五位皇祖开窟造像，实属法果理论的再创造和付诸实践。武州山石窟寺因此被列入皇家工程，成为几代皇帝建造家庙的自觉行动。

　　第二，平城佛教中心的形成，使大规模像教建设成为可能。从道武帝建国到太武帝结束北方群雄割据的局面，北魏推行的掠夺与徙民政策，使平城这座昔日的边陲小县迅速跃升为北中国政治、军事、经济和文化中心。随后对西域的征服，又将平城推向了东方国际大都市的新高峰。在各国各地贵族官僚、儒道沙门、能工巧匠、租赋商贩、金银财富汇聚平城的同时，佛教信仰也日益升温。特别是北魏太延五年（439）灭北凉，《释老志》称："凉州自张轨后，世信佛教。敦煌地接西域，道俗交得其旧式，村坞相属，多有塔寺。太延中，凉州平，徙其国人于京邑，沙门佛事皆俱东，象（像）教弥增矣。"凉州（治姑臧，今甘肃武威）所辖河西走廊，自古是中西文化交融之地，也是西域胡僧进入中土的第一站。4世纪初，张轨任凉州刺史，河西奉佛已成民风。417年，东晋大将刘裕攻灭姚氏后秦，长安僧众四散奔逃，河西佛教遂为中华一枝独秀。太武帝徙凉州吏民三万户（包括参与守城被俘的三千僧人）于京城，如同河西佛教整体"搬迁"，平城随即成为中华佛教的新中心。曾经目睹天竺、西域佛事，参与敦煌莫高窟、武威天梯山、永靖炳灵寺、天水麦积山等河陇石窟开凿、禅修的凉州匠僧，成为未来平城佛寺与石窟寺建设的主力。

第三，太武帝灭佛，从反方向刺激了北魏佛教的迅猛发展。凉州僧团的东迁，在促成平城佛教骤盛的同时，也引发了中国历史上第一次佛道之争。受嵩山道士寇谦之、司徒崔浩的影响，太武帝于太平真君七年（446）诏令灭法。一时间，北魏民间"金银宝像及诸经论，大得秘藏。而土木宫塔，声教所及，莫不毕毁矣"。然而，毁之愈烈，求之弥切。兴安元年（452），文成帝拓跋濬即位甫尔，在群臣的请求下，宣令复法。"方诏遣立像，其徒惟恐再毁，谓木有时朽，土有时崩，金有时铄，至覆石以室，可永无泐。又虑像小可凿而去，径尺不已，至数尺，数尺不已，必穷其力至数十尺。累数百千，而佛乃久存不坏，使见者因像生感。"（朱彝尊《云冈石佛记》）于是乎，昙曜五佛应运而出。

第四，追仿释迦鹿苑旧事，再造东方佛教圣地。鹿苑，即鹿野苑，释迦牟尼"初转法轮"的说法成道处，在今印度贝拿勒斯城郊。北魏鹿苑，在平城皇宫以北，道武帝天兴二年（399）起筑苑墙，"东包白登，属之西山"（《魏书·高车传》）。苑之西山，道武帝拓跋珪时，封山禁樵；明元帝拓跋嗣时，奉武州山为神山，筑坛祭祀；太武帝平定凉州以后，逐渐成为西来沙门采石雕佛、开窟修禅之所。于是平城鹿苑与印度鹿苑，在凉州僧众的心目中自然成双，产生共鸣。特别是昙曜五佛的横空出世，极大地鼓舞了年轻的献文帝拓跋弘，坚定了他追仿西天胜迹，建立东方鹿野苑的信心。高允《鹿苑赋》云："暨我皇之继统，诞天纵之明睿；追鹿野之在昔，兴三转之高义；振幽宗于已永，旷千载而有寄。于是命匠选工，刊兹西岭；注诚端思，仰模神影；庶真容之仿佛，耀金晖之焕炳。即灵崖以构宇，竦百寻而直上；絙飞梁于浮柱，列荷华于绮井。图之以万形，缀之以清永；若祇洹之瞪对，孰道场之途迥。嗟神功之所建，超终古而秀出。"武州山石窟寺建设全面展开。

第五，西风东渐，共铸辉煌。北魏对西域的征服，直接迎来了我国历史上第二次东西文化交流的高潮。作为丝绸之路东端的大都会，平城迅速成为

图8　新疆泥塑菩萨头像（穆舜英等《中国新疆古代艺术》，新疆美术摄影出版社，1994年）

图9　新疆泥塑飞天（新疆文物局等《新疆文物古迹大观》，新疆美术摄影出版社，1999年）

胡商梵僧云集之地。印度石窟造像之风，经由新疆，波及河西、关陇，至平城而特盛，进而流布中华。武州山石窟寺的创作，最初是凉州僧匠带来了西域风格的佛教造像艺术（图8、图9），然后是古印度、狮子国、西域诸国的胡沙门带着佛经、佛像和画本，随商队、使团而至，再后是昙曜建议征集全国各地的宝像于京师，最后是徐州僧匠北上主持云冈佛事。一代代、一批批的高僧大德、艺匠精工，共同设计、共同制作，创造出了云冈石窟一座座旷世无双的佛国天堂。

作为新疆以东最早出现的大型石窟群，武州山石窟寺的壮丽与辉煌，震惊当世，同时，它也成为引领和推动北朝石窟佛寺建设高潮的样板。云冈向东的辽宁义县万佛堂石窟；向南的河南洛阳龙门石窟、巩县石窟，山西太原天龙山石窟，河北邯郸响堂山石窟等；向西的甘肃泾川南石窟寺、庆阳北石窟寺、天水麦积山石窟寺、永靖炳灵寺、敦煌莫高窟等，无不受其影响。从北魏昙曜开窟至初唐道宣遥礼，近200年间，无论政治风云如何变幻，代京灵岩始终是中华僧徒心中的圣地。云冈石窟的开凿对华夏石窟寺的推广、雕刻艺术的发展，产生了深远的影响。

三、东方佛教艺术的旷世绝唱

关于云冈石窟的艺术源流，100多年来中外学者论述颇丰：有埃及影响说、希腊影响说、拓跋氏影响说，还有犍陀罗艺术、马土拉艺术、笈多艺术、西域（新疆）艺术输入说等。其中，以犍陀罗艺术、马土拉成分、新疆风格等观点最为流行。北魏文成帝"太安初，有师子国胡沙门邪奢遗多、浮陀难提等五人，奉佛像三，到京都。皆云，备历西域诸国，见佛影迹及肉髻，外国诸王相承，咸遣工匠，摹写其容，莫能及难提所造者，去十余步，视之炳然，转近转微。又沙勒胡沙门，赴京师致佛钵并画像迹"。上述记载表明，平城、云冈佛像与印度、新疆艺术有着一定的传承关系。然而，考察犍陀罗、马土拉佛教造像，我们总会产生一种似是而非的困惑，因为实在找不到多少与云冈石窟完全相同的东西。而那些造型、气韵、时尚方面的差异，显然表明彼此之间存在文化、艺术关系的断裂，或存有阙环。相反，对新疆早期佛教遗存的观摩，则令我们倍感熟悉和亲切。这种亲近的感受，来自库车克孜尔石窟，也来自新疆遗存的中心方塔式佛殿，更来自塔里木盆地南北那种拓制便利、样式纷繁、面如满月、充满异国情调的黄泥塑像（图10）。

从佛法东传的时代背景分析，凉州僧匠最初带到平城的只能是凉州模式或西域模式，而凉州模式实际上就是西域南北两道佛教的混合艺术。新疆式的犍陀罗艺术甚至马土拉艺术，移花接木般地在云冈石窟翻版，应当属于历史的必然，尤其是大乘佛教盛行的于阗、子合等地的像法。从云冈石窟的工程本身分析，凉州僧匠是规划设计的主体，其所依凭的佛像、画本及造像法则，无论直接还是间接模仿西域，设计蓝图是经过北魏皇帝、有司会审批准的，鲜卑族与汉族的审美愿望自然渗透其中。开凿洞窟的工匠，部分是凉州僧人，主体是来自中原各地的汉人，因而大量运用的是中国传统的雕刻技艺和表达方式。我们讲西式设计与中式技艺是云冈的最大特点。当然，越往后，中华传统的分量越重，自主创新的意识越强。这就是云冈造像艺术并不简单雷同于印度、中亚、新疆的原因（图11、图12）。

图10　北魏泥塑头像（云冈研究院、山西省考古研究院、大同市考古研究院《云冈石窟山顶佛教寺院遗址发掘报告》下，文物出版社，2021年）

图 11　北魏太平真君五年（444）朱业微石佛（河北蔚县博物馆藏）　　图 12　北魏菩萨头像（大同铁牛里出土，李慕白摄）

作为西来像法在中华大地绽放出的第一朵奇葩，云冈石窟一改葱岭以东石窟寺以泥塑、壁画、木雕为主的艺术模式，直接比照印度的大型石窟建筑，在东方首次营造出气势磅礴的全石雕性质的佛教石窟群；同时，广泛吸收中外造像艺术精华，兼容并蓄，融会贯通，成为中国早期佛教艺术的集大成者。云冈石窟的开凿大致分为三期，即三个阶段。早期为文成帝时昙曜五窟的开凿；中期为献文帝、冯太后、孝文帝时皇家营造的大窟大像；晚期为迁洛后民间补刻的窟龛。云冈造像分为两类：前则西域风格，后则华夏新式。它集中展现了西来像法逐步中国化、世俗化的演进过程，堪称中华佛教艺术发展的里程碑。

昙曜五佛是云冈石窟的典型代表，也是西域造像艺术东传的顶级作品。大佛身着的袈裟，或披或袒，衣纹厚重，似属毛纺织品，这无疑是中亚山间牧区国家的服装特征。大佛具高肉髻，方额丰颐，高鼻深目，眉眼细长，嘴角上翘，大耳垂肩，身躯挺拔、健硕，神情庄严而又和蔼可亲，气度恢宏。诚如唐代道宣大师所云："造像梵相，宋、齐间，皆唇厚、鼻隆、目长、颐丰，挺然丈夫之相。"（《释氏要览》卷二）特别是第 20 窟的露天大佛（图

13），法相庄严，气宇轩昂，充满活力，将拓跋鲜卑的剽悍与强大、粗犷与豪放、宽宏与睿智的民族精神表现得淋漓尽致、出神入化，给人以心灵的震撼。而第18窟主尊大佛东侧的十位弟子，相貌、神态各异，均为西方人种，具有显著的西域特征。

献文帝继位（465）后，对武州山石窟工程进行了重新部署，建设规模扩大化、洞窟形制多样化、图像内容多元化的步伐加快。迄孝文帝太和十八年（494）迁都洛阳，云冈石窟的建设达到鼎盛。这一时期开凿完成的洞窟，有第7、8双窟，第9、10双窟，第1、2双窟，第5、6双窟四组双窟和第11、12、13一组三窟（图14），还有未完工的第3窟。洞窟形制上，不仅有穹隆形，还出现了方形中心塔柱窟及前后殿堂式洞窟。佛龛造型上，不仅有圆拱龛、盝形龛、宝盖龛，又增加了屋形龛、帷幔龛和复合形龛等。平面方形洞窟较早期穹隆形洞窟而言，雕刻面积大幅度增加，雕刻内容与形式也变得复杂起来。洞窟的顶部多采用平棋藻井式雕刻；壁面的雕刻，采取了上下重层、左右分段的方式。这一时期的造像题材，虽仍以释迦、弥勒为主，但雕刻内容不断增加，依凭的佛经明显增多，普遍流行的是释迦说法或禅定龛像、释迦与多

图13 云冈石窟第20窟露天大佛（［日本］水野清一、长广敏雄《云冈石窟》第十三、十四卷，京都大学人文科学研究所云冈刊行会，1954年）

图14 五华洞外景（［日本］水野清一、长广敏雄《云冈石窟》第六卷，京都大学人文科学研究所云冈刊行会，1951年）

宝并坐龛像、七佛造型、维摩与文殊问答图像，以及着菩萨装或佛装的交脚菩萨龛像等。护法天神像，开始雕刻在门拱两侧；佛本生、佛本行故事龛和连幅画，出现在壁面最直观的位置；作为出资者的供养人形象，以左右对称排列的形式出现在壁龛的下方，佛塔、廊柱、庑殿等建筑造型跃然而出；飞天、比丘、力士、金刚神、伎乐天、供养天千姿百态；各种动物、花纹图案争奇斗妍。至此，云冈艺术宝库真容毕具。

第7、8双窟是云冈最早的双窟，窟顶用莲花与飞天装饰的平棋藻井，赋予中国传统建筑样式以佛国仙境般的浪漫。第7窟门拱两侧的三头四臂神像，头戴尖顶帽，极具中、西亚特征。第8窟门拱两侧的造像分别为三头八臂、骑牛的摩醯首罗天，五头六臂、乘鸟的鸠摩罗天，其形象源于古印度神话中的天神湿婆和毗湿奴，他俩一位可以毁灭宇宙，另一位则能够创造世界。这种将婆罗门教大神转化为佛教护法神的现象，是印度密教思想的反映，完全属于西来像法，为中西石窟寺的绝版遗存。第9、10双窟是中国传统的殿堂式建筑，但其窟外前庭由雄狮、大象驮起的廊柱和建筑造型构成，混合兼备古印度、希腊、罗马建筑艺术风格；后室门廊两侧头顶羽冠的金刚天王，威武勇猛，是云冈双窟护法像中的典型。第5、6双窟规模宏大，前者为大像窟，主尊高约17.4米，为云冈佛像之最；后者为塔庙窟，设计完整，雕刻纷繁，尤以描述释迦牟尼生平故事的系列浮雕连幅画著称于世。第12窟亦为廊柱式殿堂窟，俗称"音乐窟"，其前室北壁上方的伎乐天手持各种东西方乐器，宛若一支"交响乐团"，是研究我国古代音乐史的珍贵素材。这些富丽堂皇的洞窟建筑、绚丽多彩的石刻艺术、惊世骇俗的伟大创造，是中华民族奉献给全世界的不朽杰作。

云冈石窟的中期建设，受到了北魏社会弥勒信仰和西方净土思想的影响，竭力营造一种人间的"兜率天宫"。同时，这一时期也是一个继往开来的蓬勃发展阶段。一方面是西来之风不断，胡风胡韵依然浓郁，占据着主导地位；另一方面是中华传统势力抬头，汉式建筑、服饰、雕刻技艺和审美情趣逐渐显露。我们能够感觉到，早期云冈佛陀、菩萨等造像的雕琢，主要模仿的是新疆泥塑。那些形象多样的悬挂式低温黄陶影塑，当时已在平城附近大批量生产，并用来装潢佛塔、寺院，这为云冈雕刻提供了大量鲜活的样本。与早期造像相比，中期造像健硕、美丽依旧，但似乎逐渐丧失了内在的刚毅与个性，雕刻如同拓制泥塑一样程式化了。大像、主像和重要造像的雕琢是精细的，普通的造像略显草率，工匠洗练的刀法仿佛于漫不经心间流淌出来，反而给人以自由、活泼、奔放的感觉。部分佛像开始变得清秀，面相适中；佛衣除了袒右肩式、通肩式袈裟之外，出现了"褒衣博带"样式。菩萨的衣饰也发生了变化，头戴的除宝冠外，又流行起花鬘冠；身佩璎珞、斜披络腋转变为身披帔帛；裙衣贴腿转变为裙裾张扬。这些佛装、菩萨装向着汉族衣冠服饰转化的倾向，显然是太和十年（486）后孝文帝实行服制改革、推行汉化政策的反映。由此，填补了我国南北朝佛教艺术从"胡貌梵相"到"改梵为夏"的演变过程的空白。

在云冈石窟中，汉民族意识的觉醒，我们说不清经历了多长时间。但是，深受西域佛教、像法影响的凉州僧团的领导地位，大约从太和五年（481）便开始动摇了。太和五年后，徐州义学高僧接受孝文帝的邀请，率徒北上，"唱谛鹿苑，作匠京缁"（《广弘明集·元魏孝文帝为慧纪法师亡施帛设斋诏》），代京平城的佛学风气为之一变。至太和十三年（489），褒衣博带、秀骨清像登上了云冈第 11 窟外壁的佛龛，并从此成为时尚。如果说云冈第 6 窟中最早出现的褒衣博带式佛像尚未脱离"胡貌梵相"，那么第 11、12、13 一组三窟外壁众多龛洞的造像则是完全"改梵为夏"了。

孝文帝迁都洛阳后，平城依然为北魏帝国的北都，云冈的皇家工程基本结束，但民间盛行的开窟造像之风尤烈。尽管大窟减少，但中小窟龛却自东迄西遍布崖面。这些数量众多的晚期洞窟，类型复杂，式样多变，洞窟内部日益方整。塔窟、四壁三龛及重龛式的洞窟，是这一时期流行的窟式。造像内容题材趋于模式化、简单化。佛像一律褒衣博带，面容消瘦，细颈削肩，神情显得缥缈虚无；菩萨身材修长，帔帛交叉，表情孤傲。这些造像给人以清秀俊逸、超凡脱俗的感觉，显然符合中国人心目中对神仙形象的理解。造像衣服下部的褶纹越来越重叠，龛楣、帐饰日益繁杂，窟外崖面的雕饰也越来越繁缛。上述风格与特征，与龙门石窟的北魏造像同出一辙，标志着中华民族对西来佛教像法的引进与吸收过程的初步终结。

四、平城时代对中国佛教的重大贡献

北魏定都平城的 97 年，是中国佛教成长壮大、方兴未艾的关键时期。除了云冈石窟对于后世石窟建设、美术发展的影响之外，此间引进、形成、确立、巩固的佛学思想及僧官体制、僧尼制度、寺院经济模式，对后世佛教的发展也影响深远。

（一）佛教为统治者服务思想的确立

汤用彤《汉魏两晋南北朝佛教史》说："盖释迦在世，波斯匿王信奉三宝，经卷传为美谈。其后孔雀朝之阿输迦，贵霜朝之迦腻色迦，光大教化，释子推为盛事。"可见，佛教与政治联姻由来已久。《付法藏因缘传》记迦那提婆在南天竺传教时讲："树不伐本，枝条难倾；人主不化，道岂流布？"这种依靠国王弘扬佛法的思想，远早于释道安"不依国主，则法事难立"的感悟，应属佛教传统。然而，佛教传入中华，汉魏以来有明确的法令限制：汉人不得为僧，朝廷不礼胡神。因此那些随商旅而至的胡沙门，只能以江湖医巫、打卦算命、祭神祈雨等方式，在民间缓慢传播；佛教只能隐没其助国兴善的大智略，依托黄老、玄学而后行。这样形同方术、潜移默化的过程，持续了三个多世纪，直到后赵石氏率先奉佛。佛图澄是促成佛教与中原政权结合的第一人，《高僧传》云："受业追游，常有数百，前后门徒，几且一万。所历州郡，兴立佛寺八百九十三所。弘法之盛，莫与先矣。"后赵虽系短命王朝，中土佛教信仰却从此蔚然成风。北魏法果在佛图澄死后 30 多年入道，其师承何人不详，但传习的不外乎佛图澄的教法。法果礼帝为佛的弘法思想，祖承佛图澄经验，契合释道安名训，明确了佛教为最高统治者服务的方针。所以，后来文成帝在复法诏书中，对如来功德予以充分肯定："助王政之禁律，益仁智之善性，排斥群邪，开演正觉。"佛教因此被纳入封建政治体系中，成为中华王朝始终奉行的统治术之一。法果"帝佛合一"的思想，亦为后世佞佛帝王所因袭。武则天自谓弥勒下生，广树大像；明武宗自称"大庆法王西天觉道圆明自在大定慧佛"，可谓一脉相承。

（二）僧官制度的形成与《僧制》的颁行

北魏道武帝任命法果"为道人统，绾摄僧徒"，是正史记载佛教设官之始，标志着中华佛教走出低迷，从此步入上层建筑。文成帝和平初年（460），改道人统为沙门统。当时由于京城僧侣既多，又设都维那，作为沙门都统之副贰。另外，在朝廷设立监福曹，管理全国佛教事务；在州镇、畿郡亦设僧统、维那，管辖属地僧尼。其寺院仿效西域故事，设立维那、上座、寺主，所谓"三纲"。孝文帝时，受太和五年（481）法秀谋反的影响，一方面加强僧籍管理，限制僧人游方，禁止私度僧尼；另一方面改监福曹为昭玄，备有官属，以断僧务。特别是太和十七年（493）"诏立《僧制》四十七条"，从法律上宣告了中国僧尼制度的诞生。这是迄今我们知晓的第一部国家颁行的僧尼法典，既不同于古印度阿育王石柱敕令，也不同于释迦牟尼以来天竺僧团自行规定的戒律（传至中华有五部律）。一则表明僧尼作为一个特殊的社会群体，正式获得了国家的承认；二则表明这种承认是有条件的，必须服从国家法律。

"世宗即位，永平元年秋，诏曰：缁素既殊，法律亦异。……自今已后，众僧犯杀人已上罪者，仍依俗断，余犯悉付昭玄，以内律、《僧制》治之。"可见，北魏僧尼外遵国典，内奉戒律、僧制，享有一定的独立权利。北魏平城时代确立的僧官、僧制模式，尽管今天我们尚未完全明晰，但其作为隋唐制度的渊源则没有疑义。

（三）寺院经济的诞生与独立发展

印度佛教僧侣最初的生活方式，主要是沿街乞食与信徒施舍。后来随着佛教影响力的扩大，寺院逐渐拥有了自己的依附人口和固定的经济收入。北魏太武帝平凉州，僧众被俘、迁徙于京师，经历了一段艰难困苦的时期。迨文成复法，京邑、地方纷纷造寺度僧，特别是武州山等石窟寺的开凿，集中了大批的僧侣、工匠。如何解决僧人用粮、寺院用工，自然成为沙门统昙曜必须从长计议的问题。于是，"昙曜奏：平齐户及诸民，有能岁输谷六十斛入僧曹者，即为'僧祇户'，粟为'僧祇粟'，至于俭岁，赈给饥民。又请民犯重罪及官奴以为'佛图户'，以供诸寺扫洒，岁兼营田输粟。高宗并许之。于是僧祇户、粟及寺户，遍于州镇矣"。按：僧祇，即僧尼大众；僧祇户，乃依附于僧众的人户；僧祇粟，即供养僧众的粟米；佛图户，即寺户，是专为佛寺僧众提供杂役的奴婢，如同西域佛寺中的净人。佛图户与僧祇户、粟的出现，保障了北魏沙门佛事之需，是中国寺院经济形成与独立的标志。至唐代，寺院、道观依然有两种贱民，一曰部曲，二曰奴婢，与北魏时异名而同实。这种新兴的寺院经济，凭借着政治、经济上的治外法权，成为中国地主庄园经济的一种特殊形式，与封建社会相始终。

（四）僧团政治核心的形成与传承

魏晋特别是南北朝时期，中国佛教渐趋成熟，无论是经、律、论三藏之学，还是僧尼的政治、经济地位，都处于上升阶段。北方重禅业，南方尚讲经，弘法的方式虽有差异，但分别教派、扩张力量、追逐名利的情形却是相同的。北魏太和年间，坐禅的凉州僧与讲经的徐州僧在平城相遇，可以说是南北佛教势力首次大规模的交锋。尽管我们现在对其详情不甚明了，但完全可以想见，徐州高僧后来居上，对凉州旧僧形成了压力，引起其失落之感。学术之异、政治之争，导致双方严重对立，矛盾与冲突在所难免。这场斗争，从平城开始，以凉州系与徐州系划分。北魏迁都洛阳之后，以禅僧与讲僧区别，一直延续至隋唐不息。《洛阳伽蓝记》卷二载有一则故事：孝昌元年（525），崇真寺比丘惠凝死而复活，讲述他在阎罗王处，看到阎王判禅诵僧升天堂，讲经僧入黑门地狱。灵太后闻知后，"即请坐禅僧一百人，常在殿内供养之。……自此以后，京邑比丘悉皆禅诵，不复以讲经为意"。按：惠凝之说，盖系坐禅派僧徒编造，以攻击在政治上占有优势的讲经派僧徒。这无疑是孝文帝时代凉州僧团与徐州僧团斗争的继续。大体而言，从北魏到隋唐，虽政权屡经更迭，但统治主体始终为代北子孙和中原世族；佛教僧团虽互有消长，但上流师德依然是凉州、徐州系统法脉。

（五）武州山石窟寺译经与《付法藏因缘传》

十六国南北朝是佛经入华的第一高峰时期，长安、凉州、建康、平城、洛阳等都城三宝兴隆，译经不断。《释老志》曰："昙曜又与天竺沙门常那邪舍等，译出新经十四部。"据隋费长房《历代三宝记》等书记载，自文成帝和平三年（462）至孝文帝太和十年（486），沙门统昙曜于北台石窟寺集诸僧众翻译经论，有《净度三昧经》《付法藏因缘传》《提谓波利经》《杂宝藏经》《大方广菩萨十地经》《方便心经》《大吉义咒经》《佛说称扬诸佛功德经》等。其中，以昙曜与西域三藏吉迦夜共译的《付法藏因缘传》最具影响。该传全面讲述了印度佛教的弘法历程，首次开列出释迦、迦叶、阿难、商那和修、忧波毱多、提多迦、弥遮迦、佛陀难提、佛陀蜜多、胁比丘、富那奢、马鸣、比罗、龙树、迦那提婆、罗睺罗、僧伽难提、僧伽耶舍、鸠摩罗驮、阇夜多、婆修槃陀、摩奴罗、鹤勒那、夜奢、师子等印度佛祖传法世系。日本学者关野贞、常盘大定在《山西云冈》（赵一德译）中讲："昙曜的付法藏精神，由隋代的灵裕完整地继承下来，灵裕开的宝山石窟，在其内壁刻有世尊寂灭后传法圣师二十四祖像，就是按《付法藏因缘传》二十四祖刻的，灵裕以后尚有许多继承者。"我们认为，昙曜《付法藏因缘传》的翻译，开启了中国佛教祖师传灯思想的先河，唐代以后各佛学宗派盛行的立祖传宗方法即渊源于兹。

（六）《华严经》开始盛行

云冈石窟的开凿，是中国佛教思想体系渐臻完备的反映。关野贞、常盘大定讲："昙曜请求文成帝开凿石窟五所，又是为太祖以下五帝而设，毋庸置疑。这样，五窟就含有五帝的灵庙的意义。……既有昙曜的付法藏精神，也有魏王室忏悔及追孝的动机，这样的因缘凑合，产生了千古的佛教艺术。而造像的指导思想，至少与佛传及《法华》《维摩》《金光明》《无量寿》《弥勒》

等大乘经卷有关，华严的思想也是有的。"关于《华严经》在平城的传播情况，《续高僧传》卷二十九记载："太和初年，代京阉官自慨刑余，不逮人族，奏乞入山修道，有敕许之。乃赍一部《华严》，昼夜读诵，礼悔不息。夏首归山，至六月末，髭须尽生，复丈夫相，还状奏闻。高祖信敬由来，忽见惊讶，更增常日。于是大代之国《华严》一经，因斯转盛。并见侯君素《旌异记》。"按：《华严经》，沙门支法领从于阗携归胡本，420 年天竺禅师佛驮跋陀罗于建康道场寺译出，卷帙浩繁，半个多世纪默默无闻。平城佛教中心形成后，各地僧侣无远而至，《华严经》的研读、传讲，遂为学术攻关项目，成为热门学问，从此奠定了唐代以降华严宗与华严学兴盛的基础。

（七）《四分律》的开讲

南北朝时期，中华僧侣奉行的是《僧祇律》。唐道宣《续高僧传》卷二十二论曰："昙无德部《四分》一律，虽翻在姚秦，而创敷元魏。是由赤髭论主初乃诵传，未展谈授，寻还异域。此方学侣，竟绝维持。逮及覆、聪，方开学肆。……今则混一唐统，普行《四分》之宗。……自初开律释，师号法聪，元魏孝文北台扬绪，口以传授，时所荣之。沙门道覆，即绍聪绪，缵疏六卷，但是长科。至于义举，未闻于世。斯时释侣，道味犹淳，言行相承，随闻奉用，专务栖隐，不暇旁求。魏末齐初，慧光宅世，宗匠跋陀，师表弘理，再造文疏，广分衢术。学声学望，连布若云峰；行光德光，荣曜齐日月。每一披阐，坐列千僧，竞鼓清言，人分异辩，勒成卷帙，通号命家。……或传道于东川，或称言于南服。其中高第，无越魏都。"按：赤髭论主，指后秦姚兴时诵出《四分律》的罽宾高僧佛陀耶舍；法聪、道覆，北魏孝文帝时平城律匠；跋陀，天竺僧人，初在平城别设禅林，凿石为龛，后至洛阳，立少林寺；慧光，跋陀之徒。如此说来，《四分律》翻译于后秦长安，始兴于北魏平城，光大于北齐，普行于唐代。平城佛教在律藏方面的贡献，显而易见。

综上所述，北魏平城时代中华佛教中心的形成与确立，在中国佛教史上具有非常重要的里程碑意义，其继往开来的历史地位与作用不可低估。至于平城佛教与艺术对高句丽、日本国的影响，也逐渐为世人所认知。

云冈的佛陀造像

《隋书》卷三五《志第三○·经籍四》曰：

佛陀，亦曰净屠，皆胡言也。华言译之为净觉。其所说云，人身虽有生死之异，至于精神，则恒不灭。此身之前，则经无量身矣。积而修习，精神清净，则成佛道。天地之外，四维上下，更有天地，亦无终极，然皆有成有败。一成一败，谓之一劫。自此天地已前，则有无量劫矣。每劫必有诸佛得道，出世教化，其数不同。今此劫中，当有千佛。自初至于释迦，已七佛矣。其次当有弥勒出世，必经三会，演说法藏，开度众生。……然佛所说，我灭度后，正法五百年，像法一千年，末法三千年，其义如此。

文中，"此身之前，则经无量身矣"，一是指释迦牟尼佛的一生，二是指他成佛之前的无数次生命。"正法五百年"，约指佛教的无像期，或只讲述释迦佛一生故事的时期。例如释迦牟尼涅槃后 300 年的阿育王时代，一般用释迦的说法宝座、足迹以及圣树、佛塔、莲花、法轮、大象、雄狮、鹿等形象来表示佛陀的存在。而"像法一千年"，大概从公元 1 世纪开始，佛像首先在贵霜王朝的政治中心犍陀罗（都城富楼沙，今巴基斯坦白沙瓦地区）诞生，并形成了带有希腊神学倾向和雕塑风格的犍陀罗艺术，其艺术造型具有印度河上游山区寒地特征。几乎同时，恒河上游地区，在古印度传统造像的基础上，形成了具有热带地域特征的马土拉佛教艺术。这两种艺术的功效在于：利用形象崇拜传播教义，帮助观瞻者入脑入心、睹物思圣，引领信众因像生感、弃恶从善。像法时代由此开启。

在遥远的东方，中华佛教自东汉开始流传，到五胡十六国时期，逐渐成为时尚。5 世纪初，后秦国主姚兴迎取西域巨匠鸠摩罗什译经长安，大乘法旨遂昌明于中原，并且形成了一统天下的局面。尽管当时敦煌等河西走廊山间，围绕禅修，逐渐建立起一些小型石窟寺，但创建一区全面体现大乘佛教宏阔思想的石窟寺样板，仍然是中华僧徒心中的梦想。

这一艰巨任务，历史性地留给了结束十六国混战局面的北魏王朝，也机

| 第20窟 | 第19窟 | 第18窟 | 第17窟 | 第16窟 |

图1 昙曜五窟

缘巧合般地落在了来自凉州的高僧昙曜肩上。从文成帝时代开凿五座象征皇祖的大像窟（图1），到献文帝、冯太后和孝文帝时期营造弥勒世界的华美诸窟，武州山石窟寺成为北魏首选不二的皇家工程。尽管史籍阙载，我们凭着几十年云冈工作的感悟，完全可以肯定这是昙曜大师的毕生奉献。至于云冈建设的后半期，无论是徐州高僧执掌，还是官民营建家庙，洞窟规模和艺术造诣都已不能与昙曜时代相提并论。

云冈石窟作为中华首次大规模、全石雕性质的佛陀艺术再造工程，全面、完整地体现了佛教理论发展的最新成果，是大乘佛学中国化的伟大实践。它既是北魏统一北中国、军事力量控制西域（指新疆）后，展现出的平城实力；也是立足华夏传统、吸收西来精华，创造出的世界顶级宗教建筑。北魏郦道元谓之"真容巨壮，世法所稀"；北齐魏收誉之"雕饰奇伟，冠于一世"；初唐道宣惊呼"面别镌像，穷诸巧丽；龛别异状，骇动人神"，无不表明其不同凡响。

云冈石窟现存窟龛254个、大小造像59000余尊。其中，各类佛像约39000余尊，占到全部造像的三分之二，属于云冈研究的核心内容。

一、云冈佛陀造像的表现形式

按照佛像姿态，可分为坐佛、立佛和象征涅槃的卧佛三大部分。坐佛又分单坐佛、二佛并坐、坐佛列像、千佛等。立佛又分主尊立佛、胁侍立佛、佛经故事立佛、七佛立像、四佛立像等。云冈通常采用佛塔寓意佛陀涅槃，但在晚期雕刻中也出现了卧佛像。

（一）单坐佛

1. 结跏趺坐佛像及其手印

结跏趺坐，也叫金刚跏趺坐，是佛陀坐像的标准姿势。这一坐姿有两种

图 2　第 20 窟露天大佛

图 3　第 5 窟主尊坐佛

坐法，一种是"先以右趾押左股，后以左趾押右股"，为左押右。另一种是"先以左趾押右股，后以右趾押左股"，为右押左。这两式结跏趺坐皆"令二足掌仰于二股之上"。《大智度论》卷七曰："诸坐法中，结跏趺坐，最安稳不疲极，此是坐禅人坐法，摄此手足，心亦不散。"

　　在云冈，我们看不到露出双脚的结跏趺坐，均是露出右脚的坐佛像。这些坐佛分别以不同手印表示了不同的宗教意义及其时空状态。其中，第 20 窟露天大佛（图 2，图版 1b），双手相交，拇指相对，作禅定手印。这种将两手"安仰跏趺之上"者，被称为"吉祥坐"。该坐佛造型精准完美、庄严刚健，体现出雄壮的拓跋鲜卑精神，当系象征北魏某位先皇的释迦佛像。同时，比对第 17 窟东壁盝形龛内的坐佛（图版 5a），两者坐姿、手印完全一致。而后世敷泥施彩的第 5 窟主尊坐佛大像（图 3，图版 4a），尽管服式变异，仍是象征北魏皇帝的释迦佛像。类似持禅定印的坐佛，在云冈最为盛行，占到了佛像的绝大多数，既有单一坐佛，也有二佛禅坐，更多的是坐佛列像和千佛坐像，表示其修行状态。在第 12 窟前室南壁列柱上方，雕刻出一身瘦骨嶙峋的释迦苦修像（图 4，图版 30），也为禅定坐姿，系云冈唯一所见。

　　同样象征拓跋皇祖的第 19 窟主尊（图 5，图版 3a），双腿结跏趺坐，举右手施无畏印，伸左手握法衣，呈现出"说法之相"。这种说法相的坐佛，在云冈单佛龛和二佛并坐龛中极其普遍。如第 6 窟东壁和南壁东西两侧中层

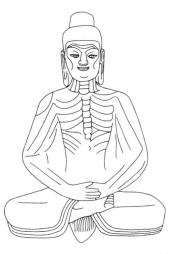

图 4　第 12 窟前室南壁释迦苦修像

图 5　第 19 窟主尊坐佛

图 6　第 6 窟南壁文殊维摩诘对坐龛内坐佛

圆拱龛内的坐佛，乃至南壁文殊维摩诘对坐龛内坐佛（图 6）等。还有两种坐佛像，一是第 10 窟后室明窗西侧方形铺面，四周是魔众与天人，中央为单龛坐佛，佛陀右手施降魔印，左手握法衣，表现的是"恼佛缘"故事。二是第 9 窟前室西壁北侧圆拱龛中的释迦像（图版 22），以右手抚摸座前胡跪的小儿头顶，这是云冈唯一跏趺坐佛形式的罗睺罗因缘故事。

2. 莲花跏趺坐和善跏趺坐佛像

清代工布查布《造像量度经》云"两足少展，而足胫左上右下相交于二膝下者，谓之莲花跏趺""坐高座而两足下伸者，谓之善跏趺"。实际上，莲花跏趺，就是我们通常所说的交脚坐；善跏趺，就是倚坐。云冈的交脚像，多数为头戴宝冠的弥勒菩萨，少数为头顶肉髻的弥勒佛；而倚坐像，或为弥勒佛或为弥陀佛。其弥勒菩萨像，反映的是《观弥勒菩萨上生兜率天经》（即《弥勒上生经》）；弥勒佛像，依据的是《弥勒下生经》。

云冈的交脚弥勒佛像远少于交脚弥勒菩萨像，原因是中期出现的象征兜率天宫的洞窟，乃弥勒菩萨居所，偶尔塑造出弥勒佛像，目的在于昭示未来。最初雕刻的弥勒佛像，在第 7、8 双窟后室东西两壁第 4 层盝形龛内，交脚弥勒佛均在北侧龛（图 7），交脚弥勒菩萨均在南侧龛，两壁对应。第 9 窟前室西壁上方屋形龛内和第 10 窟前室东壁上方屋形龛内都有交脚弥勒，属于双

图 7　第 7 窟后室西壁交脚佛　　　图 8　第 12 窟前室西壁交脚佛　　　图 9　第 19-1 窟主尊倚坐佛　　　图 10　第 3 窟后室倚坐佛

窟对称设置。与此同时营造的第 12 窟，前室西壁上方屋形龛内是弥勒佛（图 8），对壁屋形龛内是弥勒菩萨，与第 9 窟配置一致；后室东壁上层南侧圆拱龛内是弥勒佛，对壁圆拱龛内是弥勒菩萨，与第 10 窟配置一致。此外，第 5 窟、第 17 窟、第 32-5 窟和第 39 窟，也都雕刻有交脚弥勒佛像，但均非对应设置。

云冈的倚坐佛像，初步统计有 139 例，虽然数量较少，但往往表现突出。第 9 窟后室正壁高达 9.8 米的倚坐大佛，最为显赫，应属北魏皇帝象征。第 19 窟东西耳洞中的倚坐佛像（图 9），分别高 8 米和 7.9 米。第 12 窟后室正壁上层龛主像，也是倚坐佛。第 7 窟倚坐佛，位居后室北壁上层龛的交脚菩萨两侧；第 8 窟倚坐佛，位居后室北壁上层龛的中央。这些都是作为大型洞窟主像出现的。非主像的倚坐佛像，如第 6 窟中心塔柱下层西面大龛、第 10 窟前室北壁窟门两侧盝形龛、第 12 窟前室西壁屋形龛左右梢间等，也都在洞窟壁面的显要位置。还有一例特殊造像，即第 3 窟后室北壁西侧的"西方三圣"大龛，主尊倚坐佛高约 10 米（图 10），整龛造像风格晚于北魏。以上具有典型代表性的倚坐佛像，既有弥勒佛，也有弥陀佛（西方佛），还有过去佛，反映出云冈佛像表现形态的多样性。

第 38 窟是晚期石窟中反映佛教因缘故事较多的洞窟，北壁主佛龛西侧和东壁上龛南侧，都塑造了释迦父子相见的"罗睺罗因缘"，佛陀均为倚坐式，伸左手抚摸爱子头顶。这是云冈唯独两例可确认的释迦佛（现在佛）倚坐像。

图11 炳灵寺第169窟11号龛壁画中的二佛并坐龛（甘肃炳灵寺文物保护研究所《中国石窟艺术·炳灵寺》，江苏凤凰美术出版社，2015年）

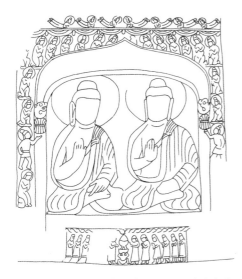

图12 第19-1窟前壁窟门右侧二佛并坐龛

图13 第9窟前室北壁西侧二佛并坐

图14 第11窟明窗西壁二佛并坐

（二）二佛并坐

释迦、多宝二佛并坐龛，是依据《妙法莲华经·见宝塔品》故事塑造。经中讲述：遥远过去的多宝佛生前遗言，未来若有讲说《法华经》者，我将前往证其不虚。所以，当释迦牟尼说法时，突然从地下涌出七宝塔，空中传来多宝佛的赞叹声；随即塔门开启，多宝佛让出半座，邀请释迦进入宝塔，二佛并坐叙说。多么离奇的故事情节，不可思议的大乘空学！然而，正是如此神话般的创造，实现了过去佛与现在佛的同龛并坐，表达出佛法传承与时空永恒的大乘要义。

二佛并坐，在甘肃炳灵寺最早的第169窟壁画中便已出现（图11），而大规模的雕塑是在云冈石窟，初步统计，现存380多处，是云冈最为流行的佛像组合形式。二佛结跏趺坐于圆拱龛中，均以右手无畏印、左手与愿印的说法相呈现，或设置在层塔之间，或雕刻在窟壁之上，早、中、晚三期呈现出不同的形体面貌和佛衣样式。

早期的昙曜五窟中，已有不少二佛并坐龛像散布在壁面各处（图12）。中、晚期的二佛并坐像依旧很多，并表现了佛衣及其造像风格的发展变化（图13、图14）。与此同时，从中期第7窟开始，将交脚菩萨、倚坐佛盝形大龛与二佛并坐龛结合，构成了象征"三世佛"的壁龛形式，出现在洞窟的正壁。第9、10双窟的前室北壁，则采用了更新式组合，在门窗左右两侧设置上下龛：上方圆拱龛均作二佛并坐；下方盝形龛，第9窟为交脚菩萨，第10窟为倚坐佛像。庄严肃穆，华丽典雅，同样显示的是三世佛格局。

大约自第7窟北壁模式形成后，以交脚菩萨龛居上、二佛并坐龛居下的三世佛组合布局，成为中期洞窟盛极一时的壁龛组合形式（图15），同时还

图 15　第 11 窟南壁西侧中层组合龛

图 16　第 11—16 窟北壁二佛并坐龛

出现了两种龛像的左右布局形式。而第 6 窟中心塔柱下层的四面佛龛，特将北面雕造为二佛并坐龛像，或许也是为了对应洞窟北壁通常表现弥勒世界的盝形大龛。即便如此，在云冈各座皇家洞窟中，始终没有将二佛并坐单独作为正壁主像。但是，从晚期民间洞窟开始，二佛并坐不但隆重地成为正壁主像，而且成为广泛流行的主题。在第 21 窟以西的 99 个编号洞窟中，有 41 个洞窟 86 龛二佛并坐，其中作为正壁主像的有 28 龛；中部窟区第 5 窟附洞和第 11 窟、第 12 窟、第 13 窟附洞中（图 16），也有 13 个洞窟的正壁主像为二佛并坐。

如此盛行的龛像模式，大概既有北魏帝后政治的影响，也有洞窟功德主希望未来得道、证果的心理需求。

（三）千佛像

佛教宣称，佛国世界总为三劫：过去庄严劫、现在贤劫和未来星宿劫。每劫都有一千人成佛。丁福保《佛学大辞典》云："单言千佛者，贤劫即现劫之千佛，释迦之第四佛也。"据此，石窟中每每出现千佛雕刻，但并非正好一千，而是若干排列整齐的小型坐佛龛，或是无龛坐佛小像，一排或者数排，甚至通壁一片。实际上，是以"多"的形式表示"千佛"的意义。云冈的千佛造像，有以下表现形式。

1. 洞窟高壁的大面积千佛造像

早期昙曜五窟除第 20 窟南壁坍塌，无法确认其千佛情况外，第 16 窟、第 17 窟、第 18 窟、第 19 窟均在四壁中上部弧面大量雕刻千佛列龛，坐佛大约都有上千尊。其中，第 19 窟最多，现存约 4000 尊（图版 101a～图版 101d）。中期第 7、8 双窟前室，也有大面积的千佛龛像雕刻，位于第 7 窟前室西壁和第 8 窟前室东壁，即双窟夹墙的两面。晚期还出现了不少类似"千佛洞"的石窟，如第 11-6 窟、第 11-8 窟、第 11-10 窟、第 12-1 窟、第 13-27 窟、第 23-1 窟、第 36-2 窟、第 39 窟等。有的围绕壁面主要龛像排

图 17　第 6 窟东壁中层千佛

列，有的满壁雕刻出横竖成行或上下错缝的千佛龛像。而现存千佛数量最多的是第 15 窟。该窟平面方形，东西宽 5.6 米、南北进深 4.4 米、高 9.9 米，在近 200 平方米的壁面内，雕刻了两种组合形式的千佛龛像（图版 111a ～图版 111c），现存有 10300 多尊。

2. 昙曜五窟外立壁的大面积千佛龛

昙曜五窟，大概北魏晚些时候，曾经在窟外营造过一列佛殿式木结构的窟檐建筑；大约与此同时，在宽阔的外立壁上雕满了千佛。据今残留列龛推测，曾经应有数万尊。从近年窟前考古发掘出的头部包金小佛像分析，当年必定是金碧辉煌的壮观景象。

3. 洞窟壁面的千佛造像龛铺

第 6 窟东壁中层，由三个造像单元组成，南北两端分别是"初转法轮"和"降伏火龙"坐佛龛，两龛之间以方铺形式雕刻千佛造像（图 17）。在第 11 窟（图版 107a ～图版 107d）、第 13 窟等洞窟中的壁面上，也都有这种自成单元的千佛铺像。而第 5 窟和第 10 窟（图 18，图版 105a、图版 105b），还将这种单元式的千佛造像雕刻在明窗的东西两壁。

4. 洞窟上壁的坐佛列像

云冈石窟的窟顶与窟壁之间，普遍存在一条明显的分界线。这条分界线，或作三角天幕带，或以并列坐佛、或以带状飞天、或用天宫伎乐列龛，目的是形成隔断。不过，许多洞窟尤其是中期洞窟，并非单纯的一条边带，还存在着多样化的边带组合形式。例如，第 7、8 双窟后室的北壁顶部边带两层为三角帷幔和天宫伎乐龛，其他壁顶边带三层为三角帷幔、坐佛和双瓣莲花；第 12 窟后室壁顶三层，分别是飞天牵璎珞、坐佛和双瓣莲花；第 1、2 双窟四层，分别是天宫伎乐龛、三角帷幔、坐佛和宝装莲花（图 19）；第 6 窟四层，分别是天宫伎乐龛、化生童子牵璎珞、坐佛和宝装莲花。总之，变化多端，互有差异。但是，总凡坐佛列像，都属于千佛形式。

5. 千佛列柱与千佛层塔

第 9、10 双窟和第 12 窟外表的建筑造型，均为中国传统瓦垄顶宫殿式样。前者为双窟，共一屋顶，每窟前列两根狮驮八角棱柱（图 20a、图 20b），外侧与中央为大象驮承须弥山柱形；后者单窟，列柱四根，为高基座八角棱柱。既是汉魏以来"金楹齐列，玉舄承跋"的庑殿建筑表现，更是中国式佛教兜率天宫的创造。尽管这些八角棱柱南侧风雨剥蚀，但北面内侧雕刻犹在，为层叠式千佛龛像。这种千佛龛柱，在第 6 窟北壁大型盝形龛下有完整保存，均为宽面两龛、窄面一龛，在雕刻细节上各有差异。

图 18　第 10 窟明窗西壁千佛

图 19　第 1 窟东壁顶部边带

图 21a　第 7 窟后室西壁下层龛间方形塔

图 21b　第 9 窟前室西壁屋形龛塔形龛柱

图 20a　第 9 窟前室南壁西侧列柱

图 20b　第 12 窟前室南壁西侧列柱

此外，洞窟的中心塔柱与浮雕层塔上也有千佛雕刻。例如，第6窟和第11窟中心方形塔柱下层的四角边棱，均有纵向千佛龛，这是云冈千佛纵向排列的表现形式。而众多的窟壁浮雕方塔或科林斯柱头式方柱，每层一龛、两龛或三龛坐佛，实际也都属于千佛表现（图21a、图21b）。

6. 龛楣、背光上的千佛（化佛）

源于犍陀罗的圆拱龛和盝形龛，在云冈演绎出缤纷多彩的艺术造型。在圆拱龛尖楣弧面，多为坐佛形象（图版16a）；在盝形龛楣格内，多为飞天形象。另外，在大型佛菩萨的头光中，往往雕出一圈坐佛或飞天。这些小型坐佛，亦称化佛、化身佛、应化佛或变化佛，是随念而生之佛影。弧形或圈形之内，雕刻5身、7身、9身、11身、13身、15身化佛，绝大多数是无龛坐佛，极个别雕刻为龛佛。

图22　第19窟南壁西侧"罗睺罗因缘"立佛

（四）立佛像

立佛像是世尊游行教化的形象，既有象征过去诸佛者，也有释迦佛在各地宣教之身相。前者多出现在佛本生故事或因缘故事中，后者则出现在佛本行故事里。《造像量度经》曰："本是世尊游化乞食之相也，今亦为弥陀接引相。"云冈石窟的立佛像，初步统计有170多尊，分布在各座洞窟之中，重在讲述佛经故事和佛法传承义理，同时在洞窟整体布局中发挥调节、变化和庄严等作用。

1. 洞窟正壁的大立佛

昙曜五窟的主尊大像中，就有两身立佛像。第18窟大佛（图版114a、图版114b），着袒右肩千佛袈裟，高15.5米，居云冈立佛之冠。与其两侧雕刻的胁侍佛菩萨及十大弟子像，共同构成了庄严、隆重的弘佛场面。第16窟大佛（图版119a），波纹发髻，面貌俊秀，着褒衣博带式佛装，高13.5米，于周围千佛壁间挺然屹立。此外，第14窟正壁中央曾经有过一尊高约7.5米的立佛像，可惜腿部以上全部风化消失。

2. 作为胁侍的立佛像

在云冈的大像窟内，出现胁侍双立佛的有第18窟、第19窟、第20窟和第5窟（图版120a、图版121a）等，分别与其主佛构成"三世佛"格局。其中，第19窟内的2身立佛比较特殊，被高高地雕刻在南壁东西两端。西立佛以左手轻抚一胡跪小儿头顶，是释迦佛与其子见面的"罗睺罗因缘"故事（图22）。该像是云冈同类故事图像中塑造最为突出的一例。相对例外的，是第17窟的"三世佛"：主尊为交脚菩萨大像，西壁龛内大立佛，东壁龛内大坐佛。晚期第34窟西壁坐佛龛外的左胁侍立佛，是以右手轻抚胡跪小儿，也是"罗睺罗因缘"。

3. 头顶华盖的立佛像

唐沙门窥基《妙法莲华经玄赞二》云："西域暑热，人多持盖，以花饰之，名为花盖。" 唐释道世《法苑珠林》卷三十六引《菩萨本行经》云："昔佛在世，与诸比丘及与阿难，从郁卑罗延国，游行村落时，天盛热，无有阴凉。有牧羊人见佛涉热，即起净心，编草作盖，用覆佛上。游随佛行，去羊大远，放盖掷地，还趋羊边。佛笑告阿难言：此放羊人以恭敬心，而以草盖用覆佛上，以此功德，十三劫中不堕恶道。天上人间，生尊贵家。快乐无极，常有自然七宝之盖。而在其上，竟十三劫，出家修道，成辟支佛名阿耨婆达。"

所以，犍陀罗造像中多有华盖表现，或悬佛顶，或由仆从手持，或为华盖形树叶遮覆；但似乎非佛陀专有。云冈雕刻的华盖不算很多，名曰宝盖龛。除了第7窟后室窟门西侧文殊菩萨头顶华盖外，其余都在佛陀头顶。立佛宝盖龛相对盛行，主要出现在第18窟和第6窟。第18窟胁侍立佛的头顶上，都有高浮雕华盖（图版115a），雕饰华丽。第6窟上层四壁，雕刻了11尊立佛，褒衣博带，头顶宽幅华盖，周围菩萨、天人簇拥，全部是"游行教化"的场景表现（图版124a、图版125a）。此外，第10窟前室东西两壁，也对称布局了立佛宝盖龛。

4. 两则佛经故事立佛像

一是"阿输迦施土因缘"，二是"布发掩泥"（燃灯佛授记）本生故事。前者最早单独出现在第18窟南壁中层西侧（图23），后者大约最早出现在第

图23　第18窟南壁西侧"施土缘"立佛

图24a　第12窟前室西壁上层"施土缘"立佛

图24b　第12窟东壁上层"布发掩泥"立佛

图 25　犍陀罗七佛与弥勒菩萨（［日本］栗田功《犍陀罗美术Ⅱ》英文版，二玄社，2003 年）

10 窟前室东壁连环故事图像中。然后，在第 12 窟前室东西壁上层的北侧位置，形成对应雕刻（图 24a、图 24b）：一位立佛手托佛钵，下有三个叠摞的小儿；另一位立佛脚下，小儿将长发散布于佛足。这两种立佛像的"结伴"雕刻，进一步出现在晚期第 13—16 窟，两者并立于西壁，且与正壁坐佛、东壁交脚菩萨构成"三世佛"格局。

而晚期更多的中小型洞窟，是将"阿输迦施土"或"布发掩泥"立佛，与释迦游化立佛组合搭配，对称雕刻在窟内南壁窟门两侧。我们认为，这些看似"守门员"的双立佛安排，既是壁面布局多样性的追求，也是洞窟佛像时空转换的需要。其始作俑者，是第 16 窟窟门东西壁出现的对立二佛；正是这一大胆的布局，打破了以往窟门两侧金刚力士的惯例，导致了晚期门侧对立佛像的出现。

5. 七佛立像

释迦牟尼继过去六佛之后而成佛，将来久远有弥勒佛降生。因此，犍陀罗诸佛模式为八像并立（图 25）。释迦等七佛头髻、服饰相同；弥勒菩萨头顶花冠，居于末位，预示将来成佛。因此，表达的是过去、现在、未来三世之佛一脉相通、平等传承的宗教理念。但是，云冈石窟呈现的佛统表达，不尽相同。可以说，源于犍陀罗，又不同于犍陀罗。

云冈现存五处七佛立像，均无弥勒参与，更加带有七佛既往的含义。但是，看似"缺席"的弥勒菩萨，实际并未远离，而是被安置于更加重要的位置。除了第 32 窟因洞窟坍塌，仅余一铺七佛龛，不知弥勒所在；其余四处，均采用了易位呼应的方式。一是第 11 窟西壁中层北侧的大型屋檐龛下（图 26，图版 128a），雕刻出七尊褒衣博带式立佛（最末两尊上半身风化）；在转角后的北壁，出现一尊微微侧身的等高造像，同样是上半身风化失形。依据犍陀罗造像，我们有理由推测北壁风化的立像为弥勒菩萨。而且此组造像，应是

图 26　第 11 窟西壁七佛

图 27　第 13 窟南壁七佛

云冈最早出现的七佛与弥勒菩萨八尊像。由此可见，差异初现。二是第 13 窟南壁窟门上方，大型屋形龛下，同样塑造了七尊立佛（图 27，图版 129a），这是云冈最为隆重、辉煌的褒衣博带式七佛形象，而弥勒不在其旁，在他们直接面对的北壁，即体形巨大的本窟主尊交脚弥勒菩萨。可见，云冈弥勒的地位超越了七佛。三是晚期第 36-2 窟，满壁千佛，前所未有地将七立佛雕刻在正壁中层位置（图版 130），而其上是一铺方形龛：主尊为交脚弥勒菩萨，两侧胁侍菩萨，两上隅则是寓意弥勒成佛的倚坐佛像。可见，属于一种更加直观、明确、面向未来的三世佛表达。最后一处，在第 36 窟南壁窟门上方，并排五佛，明窗两侧对立二佛，像高、装束一致，合为七立佛。再看对应的北壁，上层为交脚菩萨龛，下层为坐佛龛。实际上也是以弥勒菩萨为主像的三世佛格局，属于七佛与弥勒的又一组合形式。

以上改变了弥勒菩萨末位思想的云冈艺术，无疑属于大乘佛学的全新理解，更是对犍陀罗佛教的崭新发展。正是基于弥勒信仰的主题创作，使得云冈石窟成为世界佛教发展的新高地和新趋势。七立佛与弥勒菩萨的分道扬镳不仅是云冈造像对犍陀罗艺术的细节改造，更是中华佛学全面迈向菩萨大乘的实质关键。面向未来，而非拘泥过去，正是大乘佛学的精髓所在，也是云冈石窟的伟大所在。

6. 四方四佛立像

第11窟中心塔柱下层和第6窟中心塔柱上层（图版122a～图版122h）四面，均雕刻一尊立佛像，是《金光明经》所谓"四方佛"，即"东方阿閦、南方宝相、西无量寿、北微妙声"。东晋佛陀跋陀罗译《佛说观佛三昧海经》曰："东方有国，国名妙喜，彼土有佛，号曰阿閦。……南方有国，国名欢喜，佛号宝相。……西方有佛，国名极乐，佛号无量寿。……北方有国，国名莲华庄严，佛号微妙声。"由此亦可反映出云冈石窟的佛国乾坤性质。

云冈共有塔庙窟8座，分别为第1窟、第2窟、第4窟、第5-28窟、第6窟、第11窟、第13-13窟和第39窟。其中，第11窟开凿时间最早，中心塔柱没有出檐，应系中亚土坯楼阁建筑样式。其余诸窟，除了未完成的第4窟和第13-13窟，全部有出檐表现，属于中国式方塔造型。以上各塔壁面均有佛像或佛龛雕刻，单纯为四方四佛者仅此两处，特色鲜明。当然，第11窟塔柱上层，南面为交脚菩萨，其余三面各立二佛；第4窟塔柱四面，各为立佛与胁侍菩萨。都属于围绕《金光明经》"四方佛"的创新设计。

（五）卧佛像

卧佛是佛的灭度（即去世）状态，象征佛陀的涅槃。涅槃，即所谓"超脱生死"的境界，与诞生、出家、成道，共同构成佛陀毕生的四件大事。犍陀罗艺术十分重视佛陀入灭，栗田功《犍陀罗美术》中，收录了许多有关释迦涅槃、纳棺、荼毗、礼拜舍利、舍利分配、造塔、拜塔等出土石雕照片，场景描述细腻而生动。但是，云冈没有大型卧佛雕刻，也没有上述系列图像。目前，只在第11窟西壁中层的一个坐佛龛下、第35窟东壁造像龛楣左上隅，以及第38窟北壁东侧，各雕刻有一幅小型涅槃图像，属晚期民间造像。

云冈的皇家营造中，没有佛陀涅槃表现，原因无外乎人类对于死亡的恐惧，或是认为不吉利。特别是北魏统治者开凿石窟的目的是为国祈福、保境安民，极力展现的是未来社会的美好与希望。因此，他们更愿意采用象征佛陀涅槃的纪念方式，也就是佛塔建筑。

二、云冈佛陀造像的艺术特征

梁思成《佛像的历史》说："云冈雕刻，其源本来自西域，乃无疑义。然传入中国之后，遇中国周秦两汉以来汉民族之传统样式，乃从与消化合冶

图 28　第 20 窟露天大佛头部

图 29　第 12-1 窟佛像头部

于一炉。……云冈初凿虽在北魏，然其规模之大，技巧之精，非一朝一夕所养成也。……云冈佛像实可分为二派，即印度（或南派）与中国（或北派）是也。所谓南派者，与南朝遗像袈裟极相似，而北派则富于力量，雕饰甚美。此北派衣褶，实为我国雕塑史中最重要发明之一，其影响于后世者极重。……至于其面貌，则尤易辨别。南派平板无精神，而北派虽极少筋肉之表现，然以其筒形之面与发冠，细长微弯之眉目，楔形之鼻，小而微笑之口，皆足以表示一种庄严慈悲之精神。此云冈石窟雕刻之所以能在精神方面占无上位置也。"

（一）佛顶肉髻

肉髻，梵名"乌瑟腻沙"，乃尊贵之相，是佛三十二相之一。因佛陀头顶骨肉隆起，其形如髻，故名。第 20 窟露天大佛是云冈早期的代表作。其佛顶肉髻，方圆立体，素面圆润，平稳大气，与方中带圆的头形一致，显得庄严而神圣（图 28，图版 1c）。但到云冈晚期，随着秀骨清像风格的流行，佛顶肉髻也变得滚圆高挺（图 29，图版 51b）。云冈佛像的这种简洁、朴素的磨光肉髻，按照鸠摩罗什译《坐佛三昧经》所云"毛生上向而右旋"的造型规范，北魏当年必定有过彩绘发髻。可惜由于年代久远，色彩风化，目前我们只能依稀发现残存的黑色或蓝色痕迹；五华洞等窟内诸佛的装銮彩绘，则是辽代以降，特别是明清所为。

当然，也有一些大佛或较大型的佛像头顶雕刻出波纹发髻。如第 16 窟主尊立佛（图 30），第 11 窟西壁的七佛立像（图 31），第 6 窟中心塔柱及四壁的坐佛、立佛（图 32），第 11-8 窟的主尊坐佛（图 33）等。这二三十尊

图 30　第 16 窟主佛像头部

图 31　第 11 窟西壁中层佛像头部

图 32　第 6 窟西壁中层佛像头部

图 33　第 11-8 窟主佛像头部

佛像的发髻，均雕刻出形态不同的波纹，代表了云冈最繁荣期的艺术华美追求。由此可见云冈佛髻的多种雕刻样式，以及旺盛的创新意识。比较犍陀罗佛像，云冈的佛髻雕刻更加高大一些，特别是磨光素面肉髻，更显庄重宏伟。或许正是这一缘故，使得佛像"顶上肉髻"较"顶上发髻"的称谓，更为妥帖。

至于第9窟后室主尊倚坐佛、第6窟中心塔柱下层南面大龛内坐佛和第5窟主尊大坐佛头顶的螺髻，以及第11窟中心塔柱下层四面立佛的彩塑肉髻，应是唐、辽乃至清代"包泥彩绘""再塑金身"的遗存，非北魏原貌。

（二）白毫相

佛像两眉之间的"白毫相"，也属三十二相之一。佛经所谓"眉间白毫，右旋宛转，具足柔软，清净光鲜""眉间毫相，白如珂雪"等，都是夸赞白毫的妙相。众经还竭力渲染佛陀白毫发光，霎时"普照一切法界"的神奇瑞相。而《佛说观佛三昧海经》进一步宣称："以微妙彩及颇梨珠安白毫处，令诸众生得见是相。但见此相，心生欢喜，此人除却百亿那由他恒河沙劫生死之罪。"就是说，佛像的白毫处，通常需用彩色或玻璃珠等装銮。

我们发现，白毫并非云冈每尊佛像都有，只有一些大中型佛菩萨像的额头才具有白毫相。诸如，第18窟、第20窟（图28，图版1c）和第3窟大佛眉间，都刻出圆形凹底，大约当初造像时曾用玻璃宝珠装饰。第5窟大坐佛、第13窟南壁七佛中的个别，以及第11窟中心塔柱下层四方佛、西壁七佛前五尊像等，现存平面圆形或凸起半圆形红色白毫，大致属于后世装銮。第5窟西壁立佛（图版120b）和西壁立菩萨，以及第11窟西壁中层屋形龛内立佛额头有白毫相（图31，图版128b）。至于历代白毫施彩与嵌珠规则，不能尽知。

（三）陶制佛眼

云冈许多大中型佛菩萨的眼睛都安装了黑色陶制眼珠，或是留下了眼珠脱落后的圆洞。参照秦汉陶俑和犍陀罗造像，北魏佛菩萨的眼睛中，无须安装眼珠，彩绘"点睛"即可。唐张彦远《历代名画记》卷五引《京师寺记》云：东晋顾恺之为瓦官寺壁画维摩诘一躯，"工毕，将欲点眸子"。《晋书》卷九十二《文苑传》谓："恺之每画人成，或数年不点目精。人问其故，答曰：四体妍蚩，本无阙少于妙处，传神写照，正在阿堵中。"据此可知，南北朝画佛与雕佛，佛眼需要彩绘而显精神。

图 34　史克门回赠的陶制眼珠（直径 11.5 厘米、长 14.4 厘米，云冈研究院博物馆藏）

云冈佛菩萨眼中镶嵌的陶制眼珠，目前基本可以确定是辽代大修石窟寺时安装的。史料曾有北宋向契丹岁贡物品中有陶制眼珠的记载。1932 年，美国纳尔逊博物馆史克门先生游云冈，购得一枚陶制眼珠（图 34），1985 年转交宿白先生归还云冈。近年，也有大同人捐献类似佛眼珠。

（四）佛像背光

雕刻在佛菩萨像周围的背光，既含头光，也作身光，甚至还有头顶光云；一般性天人，仅具圆形头光。背光作为佛像的重要特征之一，英国学者马歇尔《犍陀罗佛教艺术》一书认为，是"希腊人的发明"。关于佛像背光，我们在本套书之《云冈石窟艺术分类全集：佛光宝冠珠》中将进行介绍与分析。

（五）佛陀之衣

佛衣亦曰僧衣，梵名"袈裟"，意译"坏色""不正色"。按照佛教规定，袈裟由若干碎布补缀成条，并列缝制为衣。共有三衣：僧伽梨（大衣）用布 9 ~ 25 条，郁多罗僧（上衣）7 条，安陀会（下衣）5 条。故而又称"百衲衣""田相衣"。袈裟的形状为长方形，披着之法主要有"披""袒"两式：披谓披于双肩；袒谓只披左肩，偏袒右肩。因此，东晋慧远《沙门袒服论》曰："天竺国法，尽敬于所尊，表诚于神明，率皆袒服，所谓去饰之基者也。"唐道世《法苑珠林》云："肉袒肩露，乃是立敬之极。然行事之时，量前为袒。如在佛前，及至师僧忏悔礼拜，并须依前右袒为恭。若至寺外，街衢路行，则须以衣覆肩，不得露肉。西国湿热，共行不怪。此处寒地，人多讥笑。"

云冈佛像的装束，根据袈裟的不同披法，可分为三种：覆肩袒右式、通肩式和褒衣博带式。前两种是西来样式，后一种是北魏孝文帝太和年间形成的中国样式。

1. 覆肩袒右式袈裟

这是云冈早中期佛像的常见服饰。大型洞窟的主尊佛像，不论坐、立，均采用覆肩袒右式袈裟，不仅清晰地雕刻了整体衣纹，还表现出袈裟内外的叠压关系。僧伽梨大衣由身后前覆，过左肩下垂，贴体遮盖左臂和左胸腹；右肩仅搭一角，裸露右臂与右胸。同时，露出遮掩胸腹的贴身僧祇支内衣。这种搭覆右肩的袈裟披着方式，不同于右肩全裸的犍陀罗旧式，大约属于像教东传后的改变。从左肩裹至右腋的僧祇支内衣，在个别大型佛像身上雕刻得格外精致，而在中小型佛像身上往往略具形式，或用阴刻线简单勾勒出一段弧形素面凸起的条带。

（1）覆肩袒右式袈裟的坐佛像

该式坐佛像，属于云冈最为普遍的佛像造型。不过，许多佛像都雕刻出特定的衣纹。雕刻最为讲究、最具典型代表性的是第19窟和第20窟的主尊坐佛（图5、图2）。两者袈裟覆盖全身，衣纹密集、流畅，外形相似而不雷同。由左肩斜垂而下的袈裟边缘，有着一定的宽度和厚度，且形成了连续的"S"形垂纹边幅，写实性明显；右肩头部分亦然。这2尊坐佛主体衣纹呈阶梯式平行雕刻。第20窟露天大佛的左肩及上臂，雕刻出相互咬合的凸起勾联纹；左臂外侧，又现袈裟边纹，形成一种厚重而强烈的艺术冲击力。

此两尊主像的僧祇支雕刻，采用了多种纹饰组合的浅浮雕形式，呈现出轻薄而精致的图案化效果。在勾联纹与线纹密集布局的同时，僧祇支边缘采用联珠纹与二方连续式忍冬纹装饰（图35、图36），给人以高贵、别致及质地优良之感。

（2）覆肩袒右式袈裟的立佛像

该式立佛像不多，以第18窟主尊最具代表性（图37a）。大佛身披化佛与莲花化生像的"千佛袈裟"（图37b），在云冈独此一例，珍贵而神奇，表达了大乘佛学的超凡意义。《佛说观佛三昧海经》云："从佛心端，诸光明中，生诸宝华。一一宝华，恒沙宝华，以为眷属；一一华上，无量无边，微妙化佛。方身丈六，如释迦文。此相现时，佛身毛孔，八万四千，诸宝莲华。一一华上，八万四千，诸大化佛，身量无边。如是化佛，身诸毛孔，及心光明，亦如向说。"就是说，世界无限，佛法无边，俱由心生，不可思议。

图35　第19窟主尊坐佛内衣边饰　　图36　第20窟露天大佛内衣边饰

图 37a　第 18 窟主尊立佛

图 37b　第 18 窟主尊立佛衣纹

第 18 窟南壁西侧中层的"阿输迦施土缘"立佛像（见图 23），也是早期袒右立佛的代表作品。上半身袈裟贴体，脚踝处露出一截下衣。左臂之下，佛衣下垂。此外，第 9 窟后室南壁东侧"二兄弟出家"故事中的立佛像，第 10 窟前室东西壁中层北侧对应而立的立佛像，第 12 窟前室东西壁上层对应表现因缘故事的立佛像，造型俊秀、形态自然，均为袒右袈裟。

2. 通肩袈裟

披通肩袈裟的佛像，在犍陀罗艺术中较多，在云冈较少。唐义净《南海寄归内法传》卷二"著衣法式"说："若对尊容，事须齐整。以衣右角，宽搭左肩，垂之背后，勿安肘上。若欲带纽，即须通肩。披已将扭内，回勾肩后，勿令其脱，以角搭肩，衣便绕颈。双手下出，一角前垂。阿育王像，正当其式。"

云冈第 17 窟东壁坐佛像和西壁立佛像、第 18 窟东西两壁的立佛像、第 19 窟南壁两侧上方的立佛像、第 20 窟东西两侧的胁侍立佛像（坍塌的西侧立佛碎块已拼接），即早期大像窟中的胁侍佛，均为通肩袈裟。例如，第 18 窟胁侍立佛（图 38），衣纹由两肩下垂胸前为"U"形，纹线自上而下如水波涟漪状或树木年轮状；领口"以衣右角，宽搭左肩，垂之背后"，形成"绕颈"样式；"双手下出，一角前垂"，正是阿育王像式。第 19 窟南壁上方两侧的立佛像，风格也大体相同（见图 22）。

但是，云冈造像并无全然相同情况，或有大小、高低、宽窄、胖瘦、姿态、表情之别，或有衣服样式、衣纹深浅及格式之异。其为数有限的披通肩袈裟的立像，更是如此。如第 20 窟东壁立佛的袈裟（图版 117），衣纹俱作勾联式双条凸起纹饰，高浮雕、凸透感与华丽感强烈；第 17 窟西立佛袈裟，衣纹较深，纹线略凸圆棱，凸透感随即而生。最为特殊的是第 12 窟前室西壁二层北侧立佛（图 39），袈裟通肩，胸纹却非"U"形，而是表现为多条旋

图 38　第 18 窟东壁胁侍立佛

动式弧形褶皱凸纹；同时，一条袈裟边缘宽带自左肩下垂，再斜垂至左腿内侧。这是云冈唯一所见。尽管该佛头部缺失和腿部风化，但大形犹在，其造像原型必定来自犍陀罗。

披通肩袈裟的跏趺坐佛像，在云冈同样稀少。大体量坐像只出现在第 17 窟东壁的盝形龛中。该佛胸臂间袈裟雕刻为高浮雕勾联纹，厚重流畅，形态优美，给人以深刻印象（图 40）。此外，我们在第 11 窟发现了两尊中等规模的禅坐佛像。一是西壁南侧中层盝形龛佛像（图 41），佛面左侧缺损，但整体造型良好，阴刻线均匀流畅。二是南壁明窗西侧圆拱龛坐佛（图 42），衣纹简约，独出心裁；与并列龛的袒右坐佛合为一组，表达佛陀禅修意义。

披通肩袈裟的倚坐佛像，在云冈中后期相对流行，是弥勒成佛后的形象。

图 39　第 12 窟前室西壁二层北侧立佛

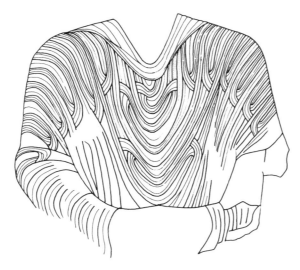

图 40　第 17 窟东壁大坐佛衣纹

图 41　第 11 窟西壁南侧中层盝形龛坐佛

图 42　第 11 窟南壁明窗西侧圆拱龛坐佛

如第 10 窟前室北壁东西两侧盝形龛佛像（图 43）、第 12 窟西壁屋形龛两梢间佛像、第 11 窟南壁窟门上方大龛者，以及第 14 窟前室西壁一铺坐佛与交脚菩萨组合龛等。不过，第 3 窟的"西方三圣"龛中，倚坐主尊弥陀佛，亦披通肩袈裟。

3. 褒衣博带式袈裟

褒衣博带，是汉代以来的儒者盛装，也是北魏孝文帝改革推行的复古式服装。褒衣博带式佛装，是孝文帝太和十年（486）以后，云冈佛像改行的新式袈裟披着样式。大致在 20 世纪晚期由北京大学教授阎文儒、宿白二先生命名提出，并得到了学术界的广泛认可。

云冈的褒衣博带佛像，大约先在第 5、6 双窟和第 1、2 双窟两处皇家工程中推行，同时又在第 11、12、13 一组三窟及昙曜五窟等成型洞窟中出现。直到晚期洞窟，佛像几乎全部为褒衣博带式服装。其中，最经典和最富精神气的造像，当属第 6 窟壁面上层的诸立佛（图 44），以及第 11 窟西壁和第 13 窟南壁的七立佛像：袈裟宽大，领口"V"形，略露僧祇支内衣；胸前绦带，

图 43　第 10 窟前室北壁东侧倚坐佛

图 44　第 6 窟西壁上层立佛

图 45　第 16 窟主尊立佛衣纹

图 46　梵天劝请（［日本］栗田功《犍陀罗美术Ⅰ》英文版，二玄社，2003 年）

图 47　释迦苦修（［日本］栗田功《犍陀罗美术Ⅰ》英文版，二玄社，2003 年）

打结下垂，衣襟"左衽"；僧伽梨大衣与下衣分别形成"下摆"，向两侧大幅度散开，使佛像整体呈现出极其稳定的"A"字形。然而，令人困惑的是第 16 窟，既然是早期昙曜五窟之一，而且壁面多有较早雕刻的佛龛，但主尊大立佛却是典型的褒衣博带形象（图 45）。到底该佛像出现在太和服制改革之前还是之后，成为云冈研究的一桩疑案。

看来，褒衣博带式佛装的出现，可能并非我们今人想象得那么简单。翻阅栗田功《犍陀罗美术》，西域佛像袈裟的披着，诚如唐僧道世所谓"袒肩"与"覆肩"二式，但是具体式样颇多。一如"梵天劝请"（图 46），佛陀禅坐，下衣裹腿，胸腹裸露，双肩袈裟披垂。二如"释迦苦修"（图 47），腿穿下衣，胸腹裸露，袈裟覆肩裹臂，下摆盖足。如此对襟式样的袈裟用法，应该是云冈褒衣博带佛装演化的滥觞。也就是说，孝文帝时代中华佛装的确定，既有西来像法之因，又有中华儒装之缘，因缘完美结合，成就了云冈朝气蓬勃的褒衣博带标准佛像。

云冈的褒衣博带式佛像，仍以坐佛为多。特别是第 5 窟，仅南壁明窗与窟门间就有 2 排 16 尊坐佛像，一律褒衣博带。第 6 窟第三层并列大龛中的坐佛（图 6），褒衣博带，庄严儒雅，充满自信，同样属于中期佛像的经典作品。

云冈晚期的褒衣博带立佛像（图 48），衣带潇洒，体形消瘦，双肩下溜，形象弱化。坐佛像也是瘦骨清像，细颈削肩，失却了力量和精神，给人一种虚无缥缈的感觉。更令人费解的是，袈裟下摆的雕刻愈益繁复、冗长，细密的衣褶覆盖了整个佛座（图 49～图 51），完全是一种舍本逐末的"炫技"之术。不过，对于晚期洞窟所表现出的融会贯通与艺术创新，以及云冈师匠炉火纯青的娴熟技艺，我们还是持肯定态度。

图 48　第 13-29 窟西壁立佛

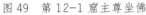

图 49　第 12-1 窟主尊坐佛　　　　　图 50　第 5-11 窟北壁坐佛　　　　　图 51　第 5-11 窟西壁坐佛

另外，一些褒衣博带佛像也极具特点。一是在第 16-1 窟壁面上龛（图 52），袈裟下摆平铺于双膝之间，呈半圆形；将右侧衣襟搭在左小臂之上，显示出袈裟的宽大；还将衣领和衣袖刻画为翻边折角，体现了中亚民族服装的特点。二是在第 12-4 窟西壁，主尊褒衣博带（图 53），但简约至无衣纹雕刻，显示出云冈晚期成熟的造型能力。

总之，云冈石窟的佛陀造像，既展现了像法西来的各种初始形态，也表现出中华艺术在甄别、选择和创新发展方面的主导趋向。正因为如此，使得云冈佛像成为中国佛教考古的一把尺度。

图 52　第 16-1 窟东壁上层坐佛　　　　　图 53　第 12-4 窟西壁主尊坐佛

大型结跏趺坐佛

图版 1a　第 20 窟主尊坐佛及左胁侍立佛

图版 1b　第 20 窟主尊坐佛

图版 1c　第 20 窟主尊坐佛头部

图版 2a　第 20 窟主尊左臂衣纹

图版 2b　第 20 窟主尊胸部衣纹

图版3a　第19窟主尊正面仰视

图版 3b　第 19 窟主尊侧面仰视

图版 3c 第 19 窟主尊头部侧面

图版 3d　第 19 窟主尊右手

图版 3e 第 19 窟主尊胸部衣纹

图版 3f　第 19 窟主尊左肩衣纹

图版 3g　第 19 窟主尊腿部

图版 4a　第 5 窟主尊坐佛仰视

图版 4b　第 5 窟主尊坐佛左侧仰视

图版 5a　第 17 窟东壁龛内坐佛

图版 5b　第 17 窟东壁龛内坐佛头部

图版 5c　第 17 窟东壁龛内坐佛两臂衣纹

图版 5d　第 17 窟东壁龛内坐佛胸部衣纹

结跏趺坐佛（北魏云冈早期与中期）

图版 6a　第 17 窟南壁东侧中层圆拱龛

图版 6b　第 17 窟南壁东侧中层圆拱龛内坐佛上半身

图版 6c　第 17 窟南壁西侧中层圆拱龛

图版 6d　第 17 窟南壁西侧中层圆拱龛内坐佛上半身

图版 7a 第 16 窟南壁窟门上方圆拱龛

图版 7b　第 16 窟南壁窟门上方圆拱龛内坐佛上半身

图版 9a　第 8 窟后室东壁上层南龛

图版 9b　第 8 窟后室东壁上层南龛内坐佛上半身

图版 9d　第 8 窟后室东壁上层北龛内坐佛上半身

图版 10a 第 8 窟后室南壁东侧中层圆拱龛

图版 10b　第 8 窟后室南壁东侧中层圆拱龛内坐佛

图版 11　第 7 窟后室西壁上层坐佛龛

图版 12a 第 7 窟后室西壁上层北龛

图版 12b　第 7 窟后室西壁上层北龛内坐佛上半身

图版 13a 第 7 窟后室西壁上层南龛

图版 13b　第 7 窟后室西壁上层南龛内坐佛

图版 14a　第 7 窟后室西壁中层南龛

图版 14b　第 7 窟后室西壁中层南龛内坐佛

图版 15a　第 8 窟后室东壁中层北龛

图版 15b　第 8 窟后室东壁中层北龛内坐佛

图版16a 第8窟后室东壁中层坐佛圆拱双龛

图版16b　第8窟后室东壁中层右侧圆拱龛内坐佛

图版 16c　第 8 窟后室东壁中层左侧圆拱龛内坐佛

图版 17a 第 7 窟后室东壁佛龛

图版17b　第7窟后室东壁上层南龛

图版 17c　第 7 窟后室东壁上层南龛内坐佛上半身

图版 18a　第 7 窟后室东壁上层北龛

图版 18b　第 7 窟后室东壁上层北龛内坐佛

图版 20a　第 7 窟后室南壁西侧中层圆拱龛

图版 20b　第 7 窟后室南壁西侧中层圆拱龛内坐佛

图版 21a 第 7 窟后室南壁西侧中层宝盖龛

图版 21b　第 7 窟后室南壁西侧中层宝盖龛内坐佛

图版 22 第 9 窟前室西壁圆拱双龛

图版 23　第 10 窟前室西壁中层南龛

图版 24a　第 10 窟后室南壁东侧上层龛内坐佛

图版 24b　第 10 窟后室南壁东侧上层龛内坐佛头部

图版 25　第 10 窟后室南壁西侧上层龛内坐佛

第 11、12、13 一组三窟结跏趺坐佛

图版26a　第12窟前室北壁中层西侧坐佛龛

图版 26b　第 12 窟前室北壁中层西侧龛内坐佛

图版 27a　第 12 窟前室北壁中层东侧坐佛龛

图版 27b　第 12 窟前室北壁中层东侧龛内坐佛

图版 28b　第 12 窟前室北壁上层西侧龛内坐佛

图版 29　第 12 窟前室北壁上层东侧坐佛龛

图版 30　第 12 窟前室南壁上层释迦苦修龛

图版 31a　第 12 窟后室东壁上层北侧坐佛龛

图版 31b　第 12 窟后室西壁上层南侧坐佛龛

图版 32a　第 12 窟后室南壁东侧中层坐佛龛

图版 32b　第 12 窟后室南壁西侧中层坐佛龛

图版 33　第 12 窟后室南壁东侧上层坐佛龛

图版 34　第 12 窟后室南壁西侧上层坐佛龛

图版 35　第 11 窟东壁上层坐佛龛

图版 36　第 13 窟南壁东侧上层坐佛龛

图版 37　第 13 窟南壁东侧下层坐佛龛

图版 38　第 13 窟南壁西侧下层坐佛龛

第 5、6 双窟结跏趺坐佛

图版 39a　第 6 窟西壁中层龛

图版 39b　第 6 窟西壁中层龛内坐佛侧面

图版 39c　第 6 窟西壁中层龛内坐佛头部

图版 39d　第 6 窟西壁中层龛内坐佛头部侧面

图版 40a　第 6 窟南壁中层龛主尊

图版 40b　第 6 窟南壁中层东侧龛内坐佛头部

图版 41a　第 6 窟南壁中层西侧龛内坐佛

图版 41b　第 6 窟南壁中层西侧龛内坐佛头部

图版 42a　第 5 窟西壁上层龛

图版 42b　第 5 窟西壁上层龛内坐佛上半身

图版 43a　第 5 窟南壁窟门东侧龛

图版 43b　第 5 窟南壁窟门东侧龛内坐佛头部

图版 44b　第 5 窟南壁窟门西侧龛内坐佛头部

图版 45a　第 5 窟南壁窟门上方 16 个坐佛龛

图版 45b　第 5 窟南壁窟门上方 16 个坐佛龛之圆拱龛

图版 45c　第 5 窟南壁窟门上方 16 个坐佛龛之盝形龛

结跏趺坐佛（北魏云冈晚期）

图版46a　第5-10窟北壁主尊坐佛

图版 46b　第 5-11 窟北壁主尊坐佛

图版 47　第 5-11 窟西壁坐佛龛

图版 49a 第 11 窟外壁东侧龛像

图版 49b　第 11-4 窟坐佛

图版 50　第 11-8 窟主尊坐佛

图版 51a　第 12-1 窟主尊坐佛

图版51b　第12-1窟主尊坐佛

图版 52 第 15 窟西壁上层中央佛龛

图版 53　第 14 窟西壁上层坐佛龛

图版 54　第 30 窟西壁上层坐佛龛

图版 55　第 35-1 窟西壁坐佛龛

图版六

二佛并坐（北魏云冈早期）

图版 56a　第 20 窟东壁上层二佛并坐

图版 56b　第 20 窟东壁上层二佛并坐之二佛上半身

图版 57　第 20 窟西壁上层二佛并坐残龛

图版 58a　第 19-1 窟前壁右侧龛像

图版 58b　第 19-1 窟前壁左侧龛像

图版 58c 第 19-2 窟前壁右侧龛像

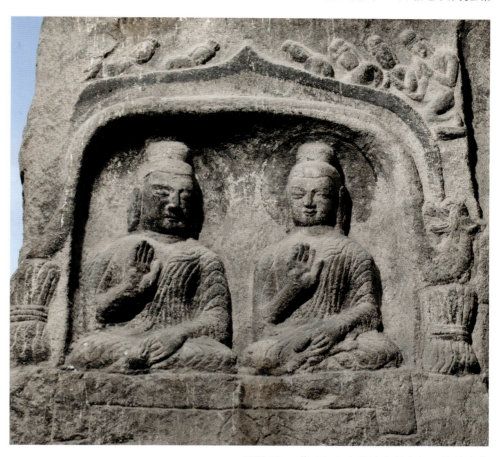

图版 59a　第 19-1 窟前壁左侧上部二佛并坐龛

图版 59b　第 19-1 窟前壁右侧中部二佛并坐龛

图版 59c 第 19-1 窟前壁左侧中部二佛并坐龛

图版 59d 第 19-2 窟前壁右侧中部二佛并坐龛

图版 60　第 17 窟南壁上层右侧二佛并坐龛

图版 61a　第 17 窟东壁上层二佛并坐龛

图版 61b　第 17 窟东壁上层二佛并坐龛内二佛

图版 62a　第 18 窟南壁明窗东侧龛像

图版 62b　第 18 窟南壁与东壁交接处龛像

图版 62c　第 18 窟南壁东侧中下部龛像

图版 62d 第 18 窟南壁明窗西侧龛像

图版63 第18窟南壁明窗东侧下层二佛并坐龛

图版 64　第 18 窟西壁中层右侧二佛并坐龛

图版 65 第 18 窟南壁明窗西二佛并坐龛

176

图版 66　第 18 窟南壁窟门西二佛并坐龛

图版 67a　第 18 窟东壁上层二佛并坐龛

图版 67b　第 18 窟西壁上层二佛并坐龛

图版 67c　第 18 窟东壁上层右侧二佛并坐龛

图版 67d　第 18 窟东壁上层左侧二佛并坐龛

图版 68　第 18 窟南壁上层明窗东侧上方二佛并坐龛

图版 69　第 18 窟南壁上层东侧二佛并坐龛

图版 70a　第 18 窟南壁局部龛像

图版 70b　第 18 窟南壁东侧中层二佛并坐龛

图版 71　第 18 窟南壁与东壁交接处二佛并坐龛

图版 72 第 16 窟东壁二佛并坐龛内左侧坐佛

二佛并坐（北魏云冈中晚期）

图版 73　第 9 窟前室北壁西上层二佛并坐龛

图版 74a　第 9 窟前室北壁东上层二佛并坐龛

图版 74b　第 9 窟前室北壁东上层二佛并坐龛内二佛

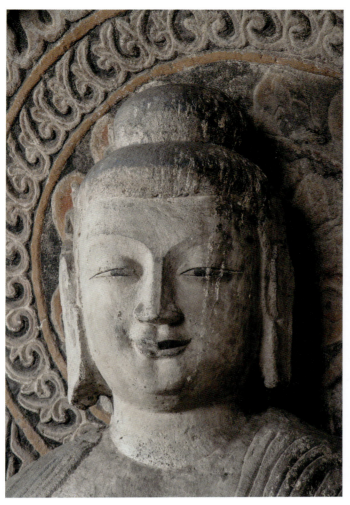

图版 74c　第 9 窟前室北壁东上层二佛并坐龛内右佛头部

图版 74d　第 9 窟前室北壁东上层二佛并坐龛内左佛上半身

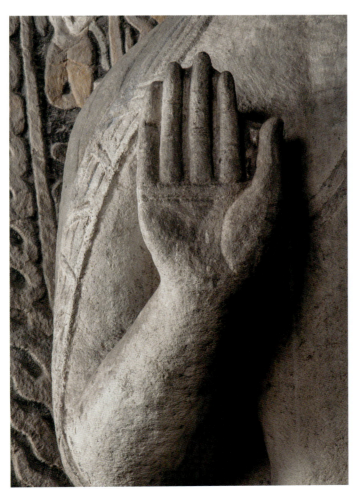

图版 74e　第 9 窟前室北壁东上层二佛并坐龛内右佛右手

图版 74f　第 9 窟前室北壁东上层二佛并坐龛内左佛左手

图版 75　第 10 窟前室北壁西上层二佛并坐龛

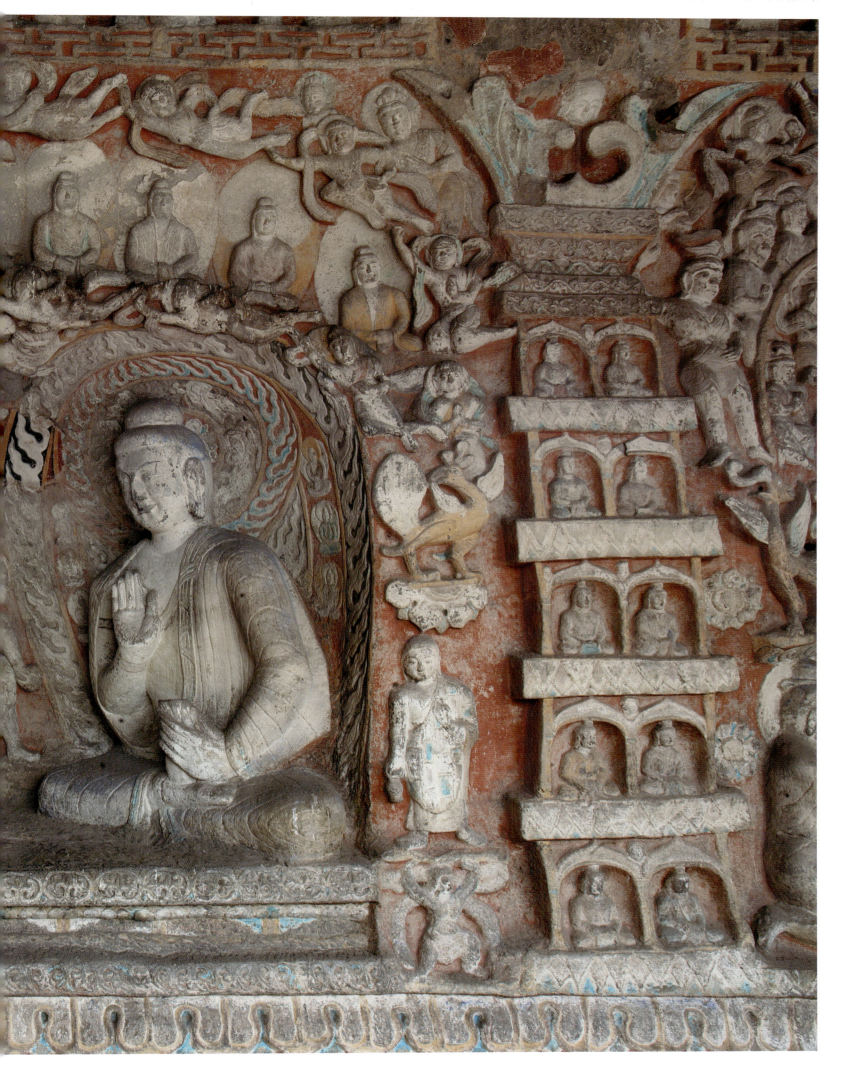

图版 76a　第 10 窟前室北壁东上层二佛并坐龛

图版 76b　第 10 窟前室北壁东上层二佛并坐龛内二佛

图版77 第17窟南壁窟门上方右侧二佛并坐龛

图版 78　第 17 窟南壁窟门上方左端二佛并坐龛

图版 79　第 17 窟窟门东壁二佛并坐龛

图版 80　第 17 窟窟门西壁二佛并坐龛

图版 81a　第 17 窟明窗东壁二佛并坐龛

图版 81b　第 17 窟明窗东壁二佛并坐龛内二佛上半身

图版 82　第 16 窟明窗东壁二佛并坐龛

图版 83　第 11 窟南壁上层东侧二佛并坐龛之一

图版 84　第 11 窟南壁上层东侧二佛并坐龛之二

图版 85　第 11 窟南壁西侧中层二佛并坐龛

图版86　第12窟后室南壁窟门上方二佛并坐龛

图版87　第13窟东壁中层南侧二佛并坐龛

图版88 第13窟东壁中层北端二佛并坐龛

图版 89　第 13 窟东壁上层南侧二佛并坐龛

图版 90　第 5 窟西壁上层二佛并坐龛

图版 91a　第 5 窟西壁中层二佛并坐龛

图版 91b　第 5 窟西壁中层二佛并坐龛内二佛

图版92a　第6窟中心塔柱北面下层二佛并坐龛

图版 92b　第 6 窟中心塔柱北面下层二佛并坐龛内二佛

图版93 第16-1窟东壁上层二佛并坐龛

图版 94　第 17 窟南壁中层二佛并坐龛

图版 95a　第 21 窟北壁二佛并坐龛

图版 95b　第 22 窟北壁二佛并坐龛

图版 95c　第 23 窟北壁二佛并坐

图版 95d　第 28 窟北壁二佛并坐龛

图版 96a 第 5 窟窟门西壁树下二佛

图版 96b　第 5 窟窟门东壁树下二佛

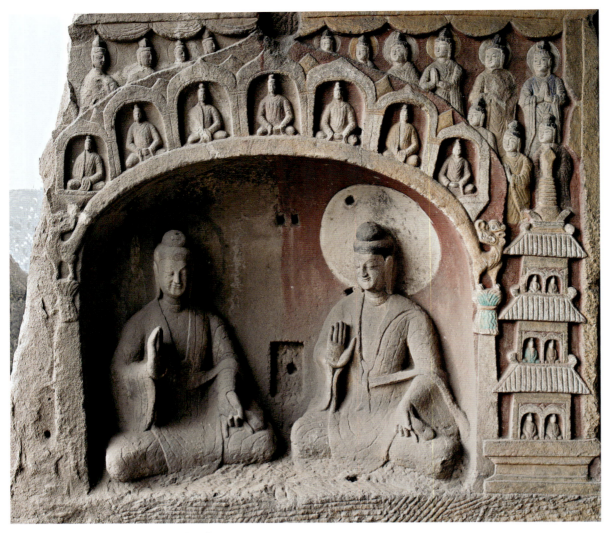

图版 97　第 11 窟明窗西壁二佛并坐龛

图版 98　第 14 窟前室西壁中层二佛并坐龛

七坐佛、千佛

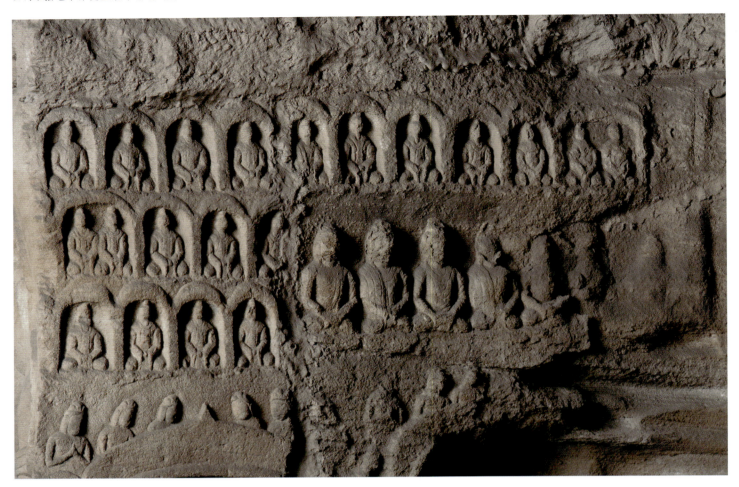

图版 99a　第 17 窟西壁北侧中层七坐佛

图版 99b　第 17 窟南壁西侧中层七坐佛

图版 100　第 10 窟后室南壁窟门上方七坐佛

图版 101a 第 19 窟南壁千佛

图版 101b 第 19 窟西南隅千佛

图版 101c 第 19 窟明窗东壁与南壁西侧千佛

图版 101d 第 19-1 窟千佛

图版 102a　第 16 窟南壁东侧上方千佛

图版 102b　第 16 窟南壁西侧上方千佛

图版103　第8窟后室东南隅上层千佛

图版104　第9窟后室南壁上层西侧千佛

图版 105a　第 10 窟明窗东壁千佛

图版 105b 第 10 窟明窗西壁千佛

图版106a 第 5 窟明窗东壁千佛

图版 106b 第 5 窟明窗西壁千佛

图版107a 第11窟东壁南端千佛

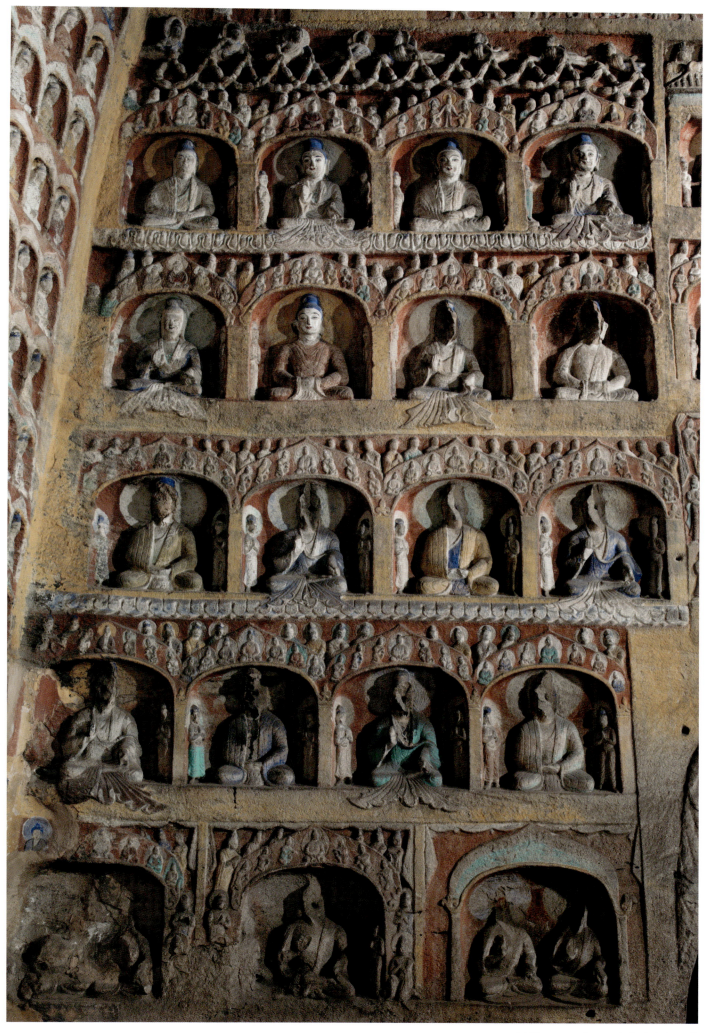

图版107b　第11窟南壁东侧千佛

图版 107c　第 11 窟南壁窟门上方千佛

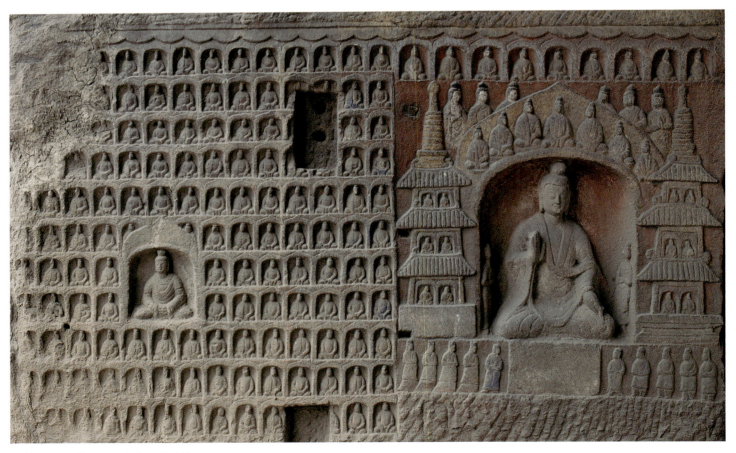

图版 107d　第 11 窟明窗西壁千佛

图版 108　第 13 窟东壁上层千佛

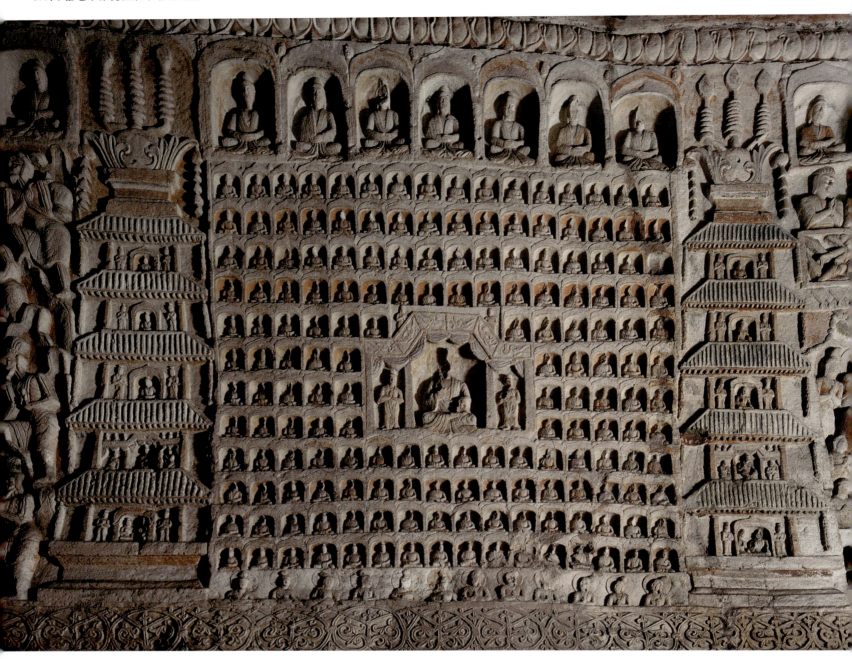

图版 109　第 6 窟东壁千佛

图版110　第9窟前室柱体千佛

图版 111a　第 15 窟西壁千佛

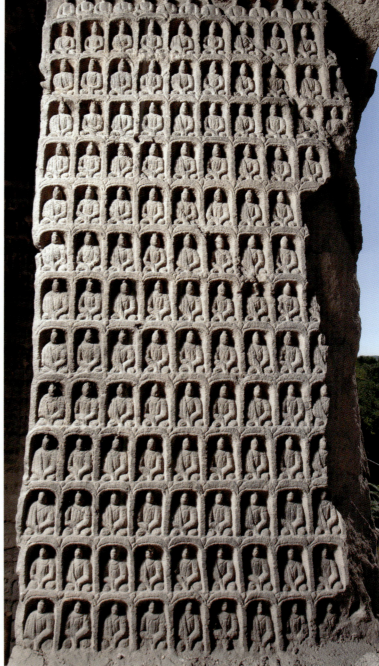

图版 111b　第 15 窟明窗西壁千佛　　　　　　　　　　　　　　　　　　图版 111c　第 15 窟明窗东壁千佛

图版 112　第 23-1 窟北壁千佛

图版 113　第 39 窟西壁千佛

大型立佛

图版114a　第18窟主尊立佛仰视

图版114b 第18窟主尊立佛左侧仰视

图版 114c 第 18 窟主尊立佛头部右侧

图版 114d 第 18 窟主尊立佛左手

图版 114e　第 18 窟主尊立佛左手腕及衣纹

图版 114f　第 18 窟主尊立佛左手小指

图版 114g　第 18 窟主尊立佛左手臂衣纹

图版 115a　第 18 窟西壁立佛

图版 115b　第 18 窟西壁立佛上半身

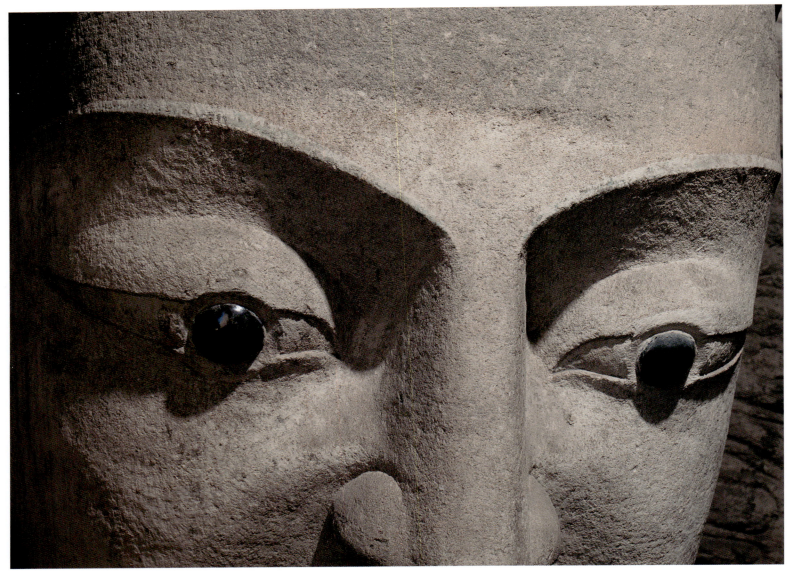

图版 115c　第 18 窟西壁立佛眉眼

图版 115d　第 18 窟西壁立佛右手

图版 116a 第 18 窟东壁立佛

图版 116b　第 18 窟东壁立佛头部

图版 117　第 20 窟东壁立佛

图版119a 第16窟主尊立佛

图版 119b　第 16 窟主尊立佛头部

图版 119c　第 16 窟主尊立佛右手

图版 119d　第 16 窟主尊立佛左手

图版 120a　第 5 窟西壁立佛

图版 120b 第 5 窟西壁立佛头部

图版 121a　第 5 窟东壁立佛

图版121b　第5窟东壁立佛头部

四立佛、六立佛、七立佛

图版 122a　第 6 窟中心塔柱南面上层立佛

图版 122b　第 6 窟中心塔柱南面上层立佛头部

图版122c　第6窟中心塔柱西面上层立佛

图版 122d 第 6 窟中心塔柱西面上层立佛上半身

图版122e　第6窟中心塔柱北面上层立佛

图版 122f　第 6 窟中心塔柱北面上层立佛上半身

图版122g　第6窟中心塔柱东面上层立佛

图版 122h　第 6 窟中心塔柱东面上层立佛上半身

图版 123a　第 6 窟北壁上层立佛列像

图版 123b　第 6 窟北壁上层中间立佛

图版 124a　第 6 窟西壁上层立佛列像

图版 124b　第 6 窟西壁上层中间立佛

图版 124c　第 6 窟西壁上层中间立佛头部

图版 124d　第 6 窟西壁上层中间立佛衣纹

图版 125a　第 6 窟东壁和南壁东侧上层立佛列像

图版 125b　第 6 窟东壁上层中央立佛及左右胁侍

图版 125c　第 6 窟东壁上层中央立佛

图版 126a　第 6 窟南壁上层西侧立佛

图版 126b　第 6 窟南壁上层西侧立佛头部

图版 127a　第 11 窟中心塔柱上层西面、北面立佛

图版 127b　第 11 窟中心塔柱上层西面二佛并立

图版 127c　第 11 窟中心塔柱上层北面二佛并立

图版 127d　第 11 窟中心塔柱上层东面二佛并立

图版 127e 第 11 窟中心塔柱上层西面二佛上半身

图版 128a　第 11 窟西壁中层七立佛

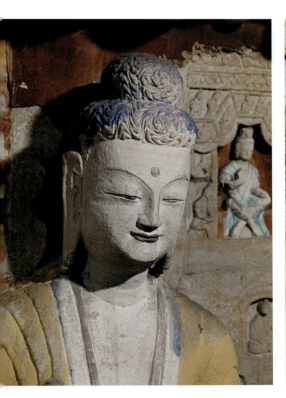

图版 128b　第 11 窟西壁中层七立佛其中三佛

图版 129a　第 13 窟南壁窟门上方七立佛

图版 129b　第 13 窟南壁窟门上方七立佛中间三佛

图版 129c　第 13 窟南壁窟门上方七立佛东侧二佛　　　　图版 129d　第 13 窟南壁窟门上方七立佛西侧二佛

图版 130　第 36-2 窟北壁七立佛

图版 131　第 32 窟西壁七立佛